TÉLÉMAQUE.

TOME II.

LES AVENTURES
DE
TÉLÉMAQUE,
FILS D'ULYSSE.
PAR M. DE FÉNELON.

TOME SECOND.

PAR ORDRE
DE MGR LE COMTE D'ARTOIS.

A PARIS,
DE L'IMPRIMERIE DE DIDOT L'AÎNÉ.
M. DCC. LXXXI.

TÉLÉMAQUE.

LIVRE SEPTIEME.

SOMMAIRE
DU LIVRE SEPTIEME.

Calypso admire Télémaque dans ses aventures, & n'oublie rien pour le retenir dans son isle, en l'engageant dans sa passion. Mentor par ses remontrances soutient Télémaque contre les artifices de cette Déesse, & contre Cupidon, que Vénus avoit amené à son secours. Néanmoins Télémaque & la Nymphe Eucharis resentent bientôt une passion mutuelle qui excite d'abord la jalousie de Calypso, & ensuite sa colere contre ces deux amants. Elle jure, par le Styx, que Télémaque sortira de son isle. Cupidon va la consoler, & oblige ses Nymphes à aller brûler un vaisseau fait par Mentor, dans le temps que celui-ci entraîne Télémaque pour s'y embarquer. Télémaque sent une joie secrete de voir brûler ce vaisseau. Mentor, qui s'en apperçoit, le précipite dans la mer, & s'y jette lui-même, pour gagner, en nageant, un autre vaisseau qu'il voyoit près de cette côte.

LES AVENTURES
DE
TÉLÉMAQUE.

LIVRE SEPTIEME.

Quand Télémaque eut achevé ce discours, toutes les Nymphes, qui avoient été immobiles, les yeux attachés sur lui, se regardoient les unes les autres. Elles se disoient avec étonnement : Quels sont donc ces deux hommes si chéris des Dieux ? A-t-on jamais ouï parler d'aventures si merveilleuses ? Le fils d'Ulysse le surpasse déjà en éloquence, en sagesse & en valeur. Quelle mine ! quelle beauté ! quelle douceur ! quelle modestie ! mais quelle noblesse & quelle grandeur ! Si nous ne savions qu'il est le fils d'un mortel, on le prendroit aisément pour Bacchus, pour Mercure, ou même pour le grand Apollon. Mais quel est ce Mentor qui paroît un homme simple, obscur, & d'une médiocre condition ? quand on le regarde de près, on trouve en lui je ne sais quoi au-dessus de l'homme.

Calypso écoutoit ce discours avec un trouble qu'elle ne pouvoit cacher : ses yeux errants alloient sans cesse de Mentor à Télémaque, & de Télémaque à Mentor. Quelquefois elle vouloit que Télémaque recommençât cette longue histoire de ses aventures ; puis tout-à-coup elle s'interrompoit elle-même. Enfin, se levant brusquement, elle mena Télémaque seul dans un bois de myrte, où elle n'oublia rien pour savoir de lui si Mentor n'étoit point une Divinité cachée sous la forme d'un homme. Télémaque ne pouvoit le lui dire ; car Minerve, en l'accompagnant sous la figure de Mentor, ne s'étoit point découverte à lui à cause de sa grande jeunesse. Elle ne se fioit pas encore assez à son secret pour lui

LIVRE VII.

confier fes defseins. D'ailleurs elle vouloit l'éprouver par les plus grands dangers ; &, s'il eût su que Minerve étoit avec lui, un tel secours l'eût trop soutenu ; il n'auroit eu aucune peine à méprifer les accidents les plus affreux. Il prenoit donc Minerve pour Mentor : & tous les artifices de Calypfo furent inutiles pour découvrir ce qu'elle defiroit favoir.

Cependant toutes les Nymphes, afsemblées autour de Mentor, prenoient plaifir à le queftionner. L'une lui demandoit les circonftances de fon voyage d'Ethiopie ; l'autre vouloit favoir ce qu'il avoit vu à Damas ; une autre lui demandoit s'il avoit connu autrefois Ulyfse avant le fiege de Troie. Il répondoit à toutes avec douceur ; & fes paroles, quoique fimples, étoient pleines de graces.

Calypfo ne les laifsa pas long-temps dans cette converfation ; elle revint : & pendant que les Nymphes fe mirent à cueillir des fleurs en chantant pour amufer Télémaque, elle prit à l'écart Mentor pour le faire parler. La douce vapeur du sommeil ne coule pas plus doucement dans les yeux appesantis & dans tous les membres fatigués d'un homme abattu, que les paroles flatteuses de la Déesse s'insinuoient pour enchanter le cœur de Mentor : mais elle sentoit toujours je ne sais quoi qui repoussoit tous ses efforts, & qui se jouoit de ses charmes. Semblable à un rocher escarpé qui cache son front dans les nues, & qui se joue de la rage des vents, Mentor, immobile dans ses sages desseins, se laissoit presser par Calypso. Quelquefois même il lui laissoit espérer qu'elle l'embarrasseroit par ses questions, & qu'elle tireroit la vérité du fond de son cœur. Mais au moment où elle croyoit satisfaire sa curiosité, ses espérances s'évanouissoient : tout ce qu'elle s'imaginoit tenir lui échappoit tout-à-coup ; & une réponse courte de Mentor la replongeoit dans ses incertitudes.

Elle passoit ainsi les journées, tantôt en flattant Télémaque, tantôt cherchant les moyens de le détacher de Mentor, qu'elle n'efpéroit plus de faire parler. Elle employoit les plus belles Nymphes à faire naître les feux de l'amour dans le cœur du jeune Télémaque ; & une Divinité plus puifsante qu'elle vint à fon fecours pour y réuffir.

Vénus, toujours pleine de refsentiment du mépris que Mentor & Télémaque avoient témoigné pour le culte qu'on lui rendoit dans l'isle de Cypre, ne pouvoit fe confoler de voir que ces deux téméraires mortels eufsent échappé aux vents & à la mer dans la tempête excitée par Neptune. Elle en fit des plaintes ameres à Jupiter : mais le pere des Dieux fouriant, fans vouloir lui découvrir que Minerve fous la figure de Mentor avoit fauvé le fils d'Ulyfse, permit à Vénus de chercher les moyens de fe venger de ces deux hommes.

Elle quitte l'Olympe ; elle oublie les doux parfums qu'on brûle fur fes autels à Paphos, à Cythere & à Idalie ; elle vole dans fon char attelé de colombes ; elle appelle fon fils ; & , la douleur répandant de nouvelles graces sur son visage, elle lui parla ainsi :

Vois-tu, mon fils, ces deux hommes qui méprisent ta puissance & la mienne ? Qui voudra désormais nous adorer ! Va, perce de tes fleches ces deux cœurs insensibles : descends avec moi dans cette isle ; je parlerai à Calypso. Elle dit, & fendant les airs dans un nuage doré, elle se présenta à Calypso, qui dans ce moment étoit seule au bord d'une fontaine assez loin de sa grotte.

Malheureuse Déesse, lui dit-elle, l'ingrat Ulysse vous a méprisée. Son fils, encore plus dur que lui, vous prépare un semblable mépris : mais l'Amour vient lui-même pour vous venger. Je vous le laisse : il demeurera parmi vos Nymphes, comme autrefois l'enfant Bacchus, qui fut nourri parmi les Nymphes de l'isle de Naxos. Télémaque le verra comme un enfant ordinaire ; il ne pourra s'en défier ; & il sentira bientôt son pouvoir. Elle dit, & remontant dans ce nuage doré d'où elle étoit sortie, elle laissa après elle une odeur d'ambrosie dont tous les bois de Calypso furent parfumés.

L'Amour demeura entre les bras de Calypso. Quoique Déesse, elle sentit la flamme qui couloit déjà dans son sein. Pour se soulager, elle le donna aussi-tôt à la Nymphe qui étoit auprès d'elle, nommée Eucharis. Mais, hélas! dans la suite, combien de fois se repentit-elle de l'avoir fait! D'abord rien ne paroissoit plus innocent, plus doux, plus aimable, plus ingénu & plus gracieux, que cet enfant. A le voir enjoué, flatteur, toujours riant, on auroit cru qu'il ne pouvoit donner que du plaisir : mais à peine s'étoit-on fié à ses caresses, qu'on y sentoit je ne sais quoi d'empoisonné. L'enfant malin & trompeur ne caressoit que pour trahir ; & il ne rioit jamais que des maux cruels qu'il avoit faits, ou qu'il vouloit faire.

Il n'osoit approcher de Mentor, dont la sévérité l'épouvantoit ; & il sentoit que cet inconnu étoit invulnérable, en sorte qu'aucune de ses fleches n'auroit pu le percer. Pour les Nymphes, elles sentirent bientôt les feux que cet enfant trompeur allume ; mais elles cachoient avec soin la plaie profonde qui s'envenimoit dans leurs cœurs.

Cependant Télémaque voyant cet enfant qui se jouoit avec les Nymphes, fut surpris de sa douceur & de sa beauté. Il l'embrasse, il le prend tantôt sur ses genoux, tantôt entre ses bras ; il sent en lui-même une inquiétude dont il ne peut trouver la cause. Plus il cherche à se jouer innocemment, plus il se trouble & s'amollit. Voyez-vous ces Nymphes? disoit-il à Mentor : combien sont-elles différentes de ces femmes de l'isle de Cypre, dont la beauté étoit choquante à cause de leur immodestie! Ces beautés immortelles montrent une innocence, une modestie, une simplicité, qui charme. Parlant ainsi, il rougissoit sans savoir pourquoi. Il ne pouvoit s'empêcher de parler : mais à peine avoit-il commencé, qu'il ne pouvoit continuer ; ses paroles étoient entrecoupées, obscures, &

quelquefois elles n'avoient aucun sens.

Mentor lui dit : O Télémaque ! les dangers de l'isle de Cypre n'étoient rien, si on les compare à ceux dont vous ne vous défiez pas maintenant. Le vice grossier fait horreur, l'impudence brutale donne de l'indignation ; mais la beauté modeste est bien plus dangereuse : en l'aimant, on croit n'aimer que la vertu ; & insensiblement on se laisse aller aux appas trompeurs d'une passion qu'on n'apperçoit que quand il n'est presque plus temps de l'éteindre. Fuyez, ô mon cher Télémaque, fuyez ces Nymphes, qui ne sont si discretes que pour vous mieux tromper. Fuyez les dangers de votre jeunesse ; mais sur-tout fuyez cet enfant que vous ne connoissez pas. C'est l'Amour, que Vénus, sa mere, est venue apporter dans cette isle, pour se venger du mépris que vous avez témoigné pour le culte qu'on lui rend à Cythere : il a blessé le cœur de la Déesse Calypso ; elle est passionnée pour vous : il a brûlé toutes les Nymphes qui l'environnent : vous brûlez vous-même, ô malheureux jeune homme ! presque sans le savoir.

Télémaque interrompoit souvent Mentor, lui disant : Pourquoi ne demeurerions-nous pas dans cette isle ? Ulysse ne vit plus ; il doit être depuis long-temps enseveli dans les ondes : Pénélope, ne voyant revenir ni lui ni moi, n'aura pu résister à tant de prétendants; son pere Icare l'aura contrainte d'accepter un nouvel époux. Retournerai-je à Ithaque pour la voir engagée dans de nouveaux liens, & manquant à la foi qu'elle avoit donnée à mon pere ? Les Ithaciens ont oublié Ulysse. Nous ne pouvons y retourner que pour chercher une mort assurée, puisque les amants de Pénélope ont occupé toutes les avenues du port pour mieux assurer notre perte à notre retour.

Mentor répondoit : Voilà l'effet d'une aveugle passion. On cherche avec subtilité toutes les raisons qui la favorisent, & on se détourne de peur de voir toutes celles qui la condamnent. On n'est plus ingénieux que pour se tromper, & pour étouffer ses remords. Avez-vous oublié tout ce que les Dieux ont fait pour vous ramener dans votre patrie ? Comment êtes-vous forti de la Sicile ? les malheurs que vous avez éprouvés en Egypte ne se sont-ils pas tournés tout-à-coup en profpérités ? Quelle main inconnue vous a enlevé à tous les dangers qui menaçoient votre tête dans la ville de Tyr ? Après tant de merveilles, ignorez-vous encore ce que les deftinées vous ont préparé ? Mais que dis-je ? vous en êtes indigne. Pour moi, je pars, & je faurai bien fortir de cette isle. Lâche fils d'un pere fi fage & fi généreux ! menez ici une vie molle & fans honneur au milieu des femmes ; faites, malgré les Dieux, ce que votre pere crut indigne de lui.

Ces paroles de mépris percerent Télémaque jufqu'au fond du cœur. Il fe fentoit attendri pour Mentor ; fa douleur étoit mêlée de honte ; il craignoit l'indignation & le départ de cet homme fi fage à qui il devoit tant : mais une paffion naiffante, & qu'il ne connoifsoit pas lui-même, faisoit qu'il n'étoit plus le même homme. Quoi donc! disoit-il à Mentor les larmes aux yeux, vous ne comptez pour rien l'immortalité qui m'est offerte par la Déesse? Je compte pour rien, répondit Mentor, tout ce qui est contre la vertu, & contre les ordres des Dieux. La vertu vous rappelle dans votre patrie pour revoir Ulysse & Pénélope : la vertu vous défend de vous abandonner à une folle passion. Les Dieux, qui vous ont délivré de tant de périls pour vous préparer une gloire égale à celle de votre pere, vous ordonnent de quitter cette isle. L'Amour seul, ce honteux tyran, peut vous y retenir. Hé! que feriez-vous d'une vie immortelle, sans liberté, sans vertu, sans gloire? Cette vie seroit encore plus malheureuse, en ce qu'elle ne pourroit finir.

Télémaque ne répondoit à ce discours que par des soupirs. Quelquefois il auroit souhaité que Mentor l'eût arraché malgré lui de l'isle : quelquefois il lui tardoit que Mentor fût parti, pour n'avoir plus devant ses yeux cet ami sévere qui lui reprochoit sa foiblesse. Toutes ces pensées contraires agitoient tour-à-tour son cœur; & aucune n'y étoit constante: son cœur étoit comme la mer qui est le jouet de tous les vents contraires. Il demeuroit souvent étendu & immobile sur le rivage de la mer, souvent dans le fond de quelque bois sombre, versant des larmes ameres, & poussant des cris semblables aux rugissements d'un lion. Il étoit devenu maigre; ses yeux creux étoient pleins d'un feu dévorant: à le voir pâle, abattu & défiguré, on auroit cru que ce n'étoit point Télémaque. Sa beauté, son enjouement, sa noble fierté s'enfuyoit loin de lui. Il périssoit, tel qu'une fleur qui, étant épanouie le matin répandoit ses doux parfums dans la campagne, & se flétrit peu-à-peu vers le soir; ses vives couleurs s'effacent, elle languit, elle se desseche; & sa belle tête se penche, ne pouvant plus se soutenir. Ainsi le fils d'Ulysse étoit aux portes de la mort.

Mentor, voyant que Télémaque ne pouvoit résister à la violence de sa passion, con-

B ij

çut un defsein plein d'adrefse pour le délivrer d'un fi grand danger. Il avoit remarqué que Calypfo aimoit éperdument Télémaque, & que Télémaque n'aimoit pas moins la jeune Nymphe Eucharis ; car le cruel Amour, pour tourmenter les mortels, fait qu'on n'aime guere la perfonne dont on eft aimé. Mentor réfolut d'exciter la jaloufie de Calypfo. Eucharis devoit emmener Télémaque dans une chafse. Mentor dit à Calypfo : J'ai remarqué dans Télémaque une paflion pour la chafse, que je n'avois jamais vue en lui ; ce plaifir commence à le dégoûter de tout autre : il n'aime plus que les forêts & les montagnes les plus fauvages. Eft-ce vous, ô Déefse, qui lui infpirez cette grande ardeur ?

Calypfo fentit un dépit cruel en écoutant ces paroles ; & elle ne put fe retenir. Ce Télémaque, répondit-elle, qui a méprisé tous les plaifirs de l'isle de Cypre, ne peut réfifter à la médiocre beauté d'une de mes Nymphes. Comment ofe-t-il fe vanter d'avoir fait tant d'actions merveilleufes, lui dont le cœur s'amollit lâchement par la volupté, & qui ne semble né que pour passer une vie obscure au milieu des femmes ? Mentor, remarquant avec plaisir combien la jalousie troubloit le cœur de Calypso, n'en dit pas davantage, de peur de la mettre en défiance de lui : il lui montroit seulement un visage triste & abattu. La Déesse lui découvroit ses peines sur toutes les choses qu'elle voyoit ; & elle faisoit sans cesse des plaintes nouvelles. Cette chasse dont Mentor l'avoit avertie acheva de la mettre en fureur. Elle sut que Télémaque n'avoit cherché qu'à se dérober aux autres Nymphes pour parler à Eucharis. On proposoit même déjà une seconde chasse, où elle prévoyoit qu'il feroit comme dans la premiere. Pour rompre les mesures de Télémaque, elle déclara qu'elle en vouloit être. Puis tout-à-coup, ne pouvant plus modérer son ressentiment, elle lui parla ainsi :

Est-ce donc ainsi, ô jeune téméraire, que tu es venu dans mon isle pour échapper au juste naufrage que Neptune te préparoit, & à la vengeance des Dieux? N'es-tu entré dans cette isle, qui n'est ouverte à aucun mortel, que pour méprifer ma puiffance & l'amour que je t'ai témoigné? O Divinités de l'Olympe & du Styx, écoutez une malheureufe Déefse! Hâtez-vous de confondre ce perfide, cet ingrat, cet impie. Puifque tu es encore plus dur & plus injufte que ton pere, puifses-tu fouffrir des maux encore plus longs & plus cruels que les fiens! Non, non, que jamais tu ne revoies ta patrie, cette pauvre & miférable Ithaque, que tu n'as point eu de honte de préférer à l'immortalité! ou plutôt que tu périfses en la voyant de loin au milieu de la mer, & que ton corps, devenu le jouet des flots, foit rejetté fans efpérance de fépulture fur le fable de ce rivage! Que mes yeux le voient mangé par les vautours! Celle que tu aimes le verra auffi : elle le verra ; elle en aura le cœur déchiré ; & fon défefpoir fera mon bonheur.

En parlant ainfi, Calypfo avoit les yeux rouges & enflammés : fes regards ne s'arrêtoient en aucun endroit ; ils avoient je ne sais quoi de fombre & de farouche. Ses joues tremblantes étoient couvertes de taches noires & livides ; elle changeoit à chaque moment de couleur. Souvent une pâleur mortelle fe répandoit fur tout fon vifage : fes larmes ne couloient plus comme autrefois avec abondance ; la rage & le défefpoir fembloient en avoir tari la fource ; & à peine en couloit-il quelqu'une fur fes joues. Sa voix étoit rauque, tremblante & entrecoupée.

Mentor obfervoit tous ces mouvemens, & ne parloit plus à Télémaque. Il le traitoit comme un malade défefpéré qu'on abandonne ; il jettoit fouvent fur lui des regards de compaffion.

Télémaque fentoit combien il étoit coupable & indigne de l'amitié de Mentor. Il n'ofoit lever les yeux de peur de rencontrer ceux de fon ami dont le filence même le condamnoit. Quelquefois il avoit envie d'aller fe jetter à fon cou & de lui témoigner combien il étoit touché de fa faute : mais il étoit retenu, tantôt par une mauvaise honte, & tantôt par la crainte d'aller plus loin qu'il ne vouloit pour se retirer du péril ; car le péril lui sembloit doux, & il ne pouvoit encore se résoudre à vaincre sa folle passion.

Les Dieux & les Déesses de l'Olympe, assemblés dans un profond silence, avoient les yeux attachés sur l'isle de Calypso, pour voir qui seroit victorieux, ou de Minerve, ou de l'Amour. L'Amour, en se jouant avec les Nymphes, avoit mis tout en feu dans l'isle. Minerve, sous la figure de Mentor, se servoit de la jalousie, inséparable de l'Amour, contre l'Amour même. Jupiter avoit résolu d'être le spectateur de ce combat, & de demeurer neutre.

Cependant Eucharis, qui craignoit que Télémaque ne lui échappât, usoit de mille artifices pour le retenir dans ses liens. Déjà elle alloit partir avec lui pour la seconde chasse, & elle étoit vêtue comme Diane. Vénus & Cupidon avoient répandu sur elle de nouveaux charmes; en sorte que ce jour-là sa beauté effaçoit celle de la Déesse Calypso même. Calypso la regardant de loin, se regarda en même temps dans la plus claire de ses fontaines ; elle eut honte de se voir. Alors elle se cacha au fond de sa grotte, & parla ainsi toute seule :

Il ne me sert donc de rien d'avoir voulu troubler ces deux amants, en déclarant que je veux être de cette chasse ? En serai-je ? irai-je la faire triompher, & faire servir ma beauté à relever la sienne ? faudra-t-il que Télémaque, en me voyant, soit encore plus passionné pour son Eucharis ? O malheureuse ! qu'ai-je fait ! Non, je n'y irai pas, ils n'y iront pas eux-mêmes ; je saurai bien les en empêcher. Je vais trouver Mentor ; je le prierai d'enlever Télémaque : il le remmenera à Ithaque. Mais que dis-je ? eh ! que deviendrai-je, quand Télémaque sera parti ! Où suis-je ? Que reste-t-il à faire ? O cruelle Vénus ! Vénus ! vous m'avez trompée ! ô perfide présent que vous m'avez fait ! Pernicieux enfant ! Amour empesté ! je ne t'avois ouvert mon cœur que dans l'espérance de vivre heureufe avec Télémaque, & tu n'as porté dans ce cœur que trouble & que défespoir! Mes Nymphes fe font révoltées contre moi. Ma divinité ne me fert plus qu'à rendre mon malheur éternel. Oh! fi j'étois libre de me donner la mort pour finir mes douleurs! Télémaque, il faut que tu meures, puifque je ne puis mourir! Je me vengerai de tes ingratitudes : ta Nymphe le verra; je te percerai à fes yeux. Mais je m'égare. O malheureufe Calypfo! que veux-tu? Faire périr un innocent que tu as jetté toi-même dans cet abîme de malheurs! C'eft moi qui ai mis le flambeau fatal dans le fein du chafte Télémaque. Quelle innocence! quelle vertu! quelle horreur du vice! quel courage contre les honteux plaifirs! Falloit-il empoifonner fon cœur! Il m'eût quittée! Hé bien! ne faudra-t-il pas qu'il me quitte, ou que je le voie, plein de mépris pour moi, ne vivant plus que pour ma rivale? Non, non, je ne fouffre que ce que j'ai bien mérité. Pars, Télémaque, va-t'en au-delà des mers : laifse Calypfo sans consolation, ne pouvant supporter la vie ni trouver la mort : laisse-la inconsolable, couverte de honte, désespérée, avec ton orgueilleuse Eucharis.

Elle parloit ainsi seule dans sa grotte : mais tout-à-coup elle sort impétueusement : Où êtes-vous, ô Mentor ? dit-elle. Est-ce ainsi que vous soutenez Télémaque contre le vice auquel il succombe ? Vous dormez tandis que l'Amour veille contre vous. Je ne puis souffrir plus long-temps cette lâche indifférence que vous témoignez. Verrez-vous toujours tranquillement le fils d'Ulysse déshonorer son pere, & négliger sa haute destinée ? Est-ce à vous, ou à moi, que ses parents ont confié sa conduite ? C'est moi qui cherche les moyens de guérir son cœur ! & vous, ne ferez-vous rien ? Il y a dans le lieu le plus reculé de cette forêt de grands peupliers propres à construire un vaisseau ; c'est là qu'Ulysse fit celui dans lequel il sortit de cette isle. Vous trouverez au même endroit une profonde caverne où sont tous les instruments nécessaires pour tailler & pour joindre toutes les pieces d'un vaisseau.

A peine eut-elle dit ces paroles qu'elle s'en repentit. Mentor ne perdit pas un moment : il alla dans cette caverne, trouva les instruments, abattit les peupliers, & mit en un seul jour un vaisseau en état de voguer. C'est que la puissance & l'industrie de Minerve n'ont pas besoin d'un grand temps pour achever les plus grands ouvrages.

Calypso se trouva dans une horrible peine d'esprit : d'un côté elle vouloit voir si le travail de Mentor s'avançoit ; de l'autre elle ne pouvoit se résoudre à quitter la chasse où Eucharis auroit été en pleine liberté avec Télémaque. La jalousie ne lui permit jamais de perdre de vue les deux amants : mais elle tâchoit de détourner la chasse du côté où elle savoit que Mentor faisoit le vaisseau. Elle entendoit les coups de hache & de marteau : elle prêtoit l'oreille ; chaque coup la faisoit frémir. Mais dans le moment même elle craignoit que cette rêverie ne lui eût dérobé quelque signe ou quelque coup-d'œil de Télémaque à la jeune Nymphe.

Cependant Eucharis disoit à Télémaque d'un ton moqueur : Ne craignez-vous point que Mentor ne vous blâme d'être venu à la chasse sans lui ? Oh ! que vous êtes à plaindre de vivre sous un si rude maître ! Rien ne peut adoucir son austérité : il affecte d'être ennemi de tous les plaisirs ; il ne peut souffrir que vous en goûtiez aucun : il vous fait un crime des choses les plus innocentes. Vous pouviez dépendre de lui pendant que vous étiez hors d'état de vous conduire vous-même ; mais, après avoir montré tant de sagesse, vous ne devez plus vous laisser traiter en enfant.

Ces paroles artificieuses perçoient le cœur de Télémaque, & le remplissoient de dépit contre Mentor, dont il vouloit secouer le joug. Il craignoit de le revoir, & ne répondoit rien à Eucharis, tant il étoit troublé. Enfin, vers le soir, la chasse s'étant passée de part & d'autre dans une contrainte perpétuelle, on revint par un coin de la forêt afsez voifin du lieu où Mentor avoit travaillé tout le jour. Calypfo apperçut de loin le vaifseau achevé : fes yeux fe couvrirent à l'inftant d'un épais nuage femblable à celui de la mort. Ses genoux tremblants fe déroboient sous elle : une froide fueur courut par tous les membres de fon corps : elle fut contrainte de s'appuyer fur les Nymphes qui l'environnoient ; & Eucharis lui tendant la main pour la foutenir, elle la repoufsa en jettant fur elle un regard terrible.

Télémaque, qui vit ce vaifseau, mais qui ne vit point Mentor, parcequ'il s'étoit déjà retiré ayant fini fon travail, demanda à la Déefse à qui étoit ce vaifseau, & à quoi on le deftinoit. D'abord elle ne put répondre ; mais enfin elle dit : C'eft pour renvoyer Mentor, que je l'ai fait faire ; vous ne serez plus embarrafsé par cet ami sévere qui s'oppofe à votre bonheur, & qui seroit jaloux fi vous deveniez immortel.

Mentor m'abandonne ! c'eft fait de moi ! s'écria Télémaque. Eucharis, fi Mentot me quitte, je n'ai plus que vous. Ces paroles lui échapperent dans le tranſport de ſa paſſion. Il vit le tort qu'il avoit eu en les diſant: mais il n'avoit pas été libre de penſer au ſens de ces paroles. Toute la troupe étonnée demeura dans le ſilence. Eucharis, rougiſsant & baiſsant les yeux, demeuroit derriere, toute interdite, ſans oſer ſe montrer. Mais pendant que la honte étoit ſur ſon viſage, la joie étoit au fond de ſon cœur. Télémaque ne ſe comprenoit plus lui-même, & ne pouvoit croire qu'il eût parlé ſi indiſcrètement. Ce qu'il avoit fait lui paroiſsoit comme un ſonge, mais un ſonge dont il demeuroit confus & troublé.

Calypſo, plus furieuſe qu'une lionne à qui on a enlevé ſes petits, couroit au travers de la forêt ſans ſuivre aucun chemin, & ne ſachant où elle alloit. Enfin elle ſe trouva à l'entrée de ſa grotte, où Mentor l'attendoit. Sortez de mon isle, dit-elle, ô étrangers qui êtes venus troubler mon repos: loin de moi ce jeune inſenſé. Et vous, imprudent vieillard, vous ſentirez ce que peut le courroux d'une Déesse, si vous ne l'arrachez d'ici tout-à-l'heure. Je ne veux plus le voir ; je ne veux plus souffrir qu'aucune de mes Nymphes lui parle ni le regarde. J'en jure par les ondes du Styx ; serment qui fait trembler les Dieux mêmes. Mais apprends, Télémaque, que tes maux ne sont pas finis : ingrat ! tu ne sortiras de mon isle que pour être en proie à de nouveaux malheurs ! Je serai vengée ; tu regretteras Calypso, mais en vain. Neptune, encore irrité contre ton pere qui l'a offensé en Sicile, & sollicité par Vénus que tu as méprisée dans l'isle de Cypre, te prépare d'autres tempêtes. Tu verras ton pere, qui n'est pas mort ; mais tu le verras sans le connoître. Tu ne te réuniras avec lui en Ithaque qu'après avoir été le jouet de la plus cruelle fortune. Va : je conjure les puissances célestes de me venger. Puisses-tu au milieu des mers, suspendu aux pointes d'un rocher, & frappé de la foudre, invoquer en vain Calypso, que ton supplice comblera de joie !

Ayant dit ces paroles, son esprit agité étoit déjà prêt à prendre des résolutions contraires. L'amour rappella dans son cœur le desir de retenir Télémaque. Qu'il vive, disoit-elle en elle-même, qu'il demeure ici ; peut-être qu'il sentira enfin tout ce que j'ai fait pour lui. Eucharis ne sauroit, comme moi, lui donner l'immortalité. O trop aveugle Calypso ! tu t'es trahie toi-même par ton serment : te voilà engagée ; & les ondes du Styx, par lesquelles tu as juré, ne te permettent plus aucune espérance. Personne n'entendoit ces paroles : mais on voyoit sur son visage les Furies peintes ; & tout le venin empesté du noir Cocyte sembloit s'exhaler de son cœur.

Télémaque en fut saisi d'horreur. Elle le comprit ; car qu'est-ce que l'amour jaloux ne devine pas ? & l'horreur de Télémaque redoubla les transports de la Déesse. Semblable à une Bacchante qui remplit l'air de ses hurlements & qui en fait retentir les hautes montagnes de Thrace, elle court au travers des bois avec un dard en main, appellant toutes ses Nymphes, & menaçant de percer toutes celles qui ne la suivront pas. Elles courent en foule, effrayées de cette menace. Eucharis même s'avance les larmes aux yeux & regardant de loin Télémaque à qui elle n'ose plus parler. La Déesse frémit en la voyant auprès d'elle ; &, loin de s'appaiser par la soumission de cette Nymphe, elle resent une nouvelle fureur, voyant que l'affliction augmente la beauté d'Eucharis.

Cependant Télémaque étoit demeuré seul avec Mentor. Il embrasse ses genoux ; car il n'osoit l'embrasser autrement, ni le regarder : il verse un torrent de larmes ; il veut parler, la voix lui manque. Les paroles lui manquent encore davantage : il ne sait ni ce qu'il doit faire, ni ce qu'il fait, ni ce qu'il veut. Enfin il s'écrie : O mon vrai pere ! ô Mentor ! délivrez-moi de tant de maux. Je ne puis ni vous abandonner ni vous suivre. Délivrez-moi de tant de maux, délivrez-moi de moi-même, donnez-moi la mort.

Mentor l'embrasse, le console, l'encourage, lui apprend à se supporter lui-même sans flatter sa passion, & lui dit : Fils du sage Ulysse, que les Dieux ont tant aimé, & qu'ils aiment encore, c'est par un effet de leur amour que vous souffrez des maux si horribles. Celui qui n'a point senti sa foiblesse & la violence de ses passions n'est point encore sage ; car il ne se connoît point encore, & ne sait point se défier de soi. Les Dieux vous ont conduit comme par la main jusqu'au bord de l'abîme pour vous en montrer toute la profondeur sans vous y laisser tomber. Comprenez maintenant ce que vous n'auriez jamais compris si vous ne l'aviez éprouvé. On vous auroit parlé en vain des trahisons de l'Amour, qui flatte pour perdre, & qui, sous une apparence de douceur, cache les plus affreuses amertumes. Il est venu, cet enfant plein de charmes, parmi les ris, les jeux & les graces. Vous l'avez vu : il a enlevé votre cœur ; & vous avez pris plaisir à le lui laisser enlever. Vous cherchiez des prétextes pour ignorer la plaie de votre cœur : vous cherchiez à me tromper & à vous flatter vous-même ; vous ne craigniez rien. Voyez le fruit de votre témérité : vous demandez maintenant la mort, & c'est l'unique espérance qui vous reste. La Déesse, troublée, ressemble à une Furie infernale ; Eucharis brûle d'un feu plus cruel que toutes les douleurs de la mort ; toutes les Nymphes jalouses sont prêtes à s'entre-déchirer : & voilà ce que fait le traître Amour qui paroît si doux. Rappellez tout votre courage. A quel point les Dieux vous aiment-ils, puisqu'ils vous ouvrent un si beau chemin pour fuir l'Amour & pour revoir votre chere patrie! Calypso elle-même est contrainte de vous chasser. Le vaisseau est tout prêt : que tardons-nous à quitter cette isle, où la vertu ne peut habiter?

En disant ces paroles, Mentor le prit par la main, & l'entraînoit vers le rivage. Télémaque suivoit à peine, regardant toujours derriere lui. Il considéroit Eucharis qui s'éloignoit de lui. Ne pouvant voir son visage, il regardoit ses beaux cheveux noués, ses habits flottants, & sa noble démarche. Il auroit voulu pouvoir baiser les traces de ses pas. Lors même qu'il la perdit de vue, il prêtoit encore l'oreille, s'imaginant entendre sa voix. Quoiqu'absente, il la voyoit; elle étoit peinte & comme vivante devant ses yeux : il croyoit même parler à elle, ne sachant plus où il étoit, & ne pouvant écouter Mentor.

Enfin, revenant à lui comme d'un profond sommeil, il dit à Mentor : Je suis résolu de vous suivre ; mais je n'ai pas encore dit adieu à Eucharis. J'aimerois mieux mourir, que de l'abandonner ainsi avec ingratitude. Attendez que je la revoie encore une derniere fois pour lui faire un éternel adieu. Au moins souffrez que je lui dise : O Nymphe ! les Dieux cruels, les Dieux jaloux de mon bonheur, me contraignent de partir ; mais ils m'empêcheront plutôt de vivre, que de me souvenir à jamais de vous. O mon pere ! ou laissez-moi cette derniere consolation qui est si juste, ou arrachez-moi la vie dans ce moment. Non, je ne veux, ni demeurer dans cette isle, ni m'abandonner à l'amour. L'amour n'est point dans mon cœur ; je ne sens que de l'amitié & de la reconnoissance pour Eucharis. Il me suffit de lui dire adieu encore une fois, & je pars avec vous sans retardement.

Que j'ai pitié de vous ! répondit Mentor : votre passion est si furieuse, que vous ne la sentez pas. Vous croyez être tranquille, & vous demandez la mort : vous osez dire que vous n'êtes point vaincu par l'amour, & vous ne pouvez vous arracher à la Nymphe que vous aimez : vous ne voyez, vous n'entendez, qu'elle ; vous êtes aveugle & sourd à tout le reste. Un homme que la fievre rend frénétique dit : Je ne suis point malade. O aveugle Télémaque ! vous étiez prêt à renoncer à Pénélope qui vous attend, à Ulysse que vous verrez, à Ithaque où vous devez régner, à la gloire & à la haute destinée que les Dieux vous ont promise par tant de merveilles qu'ils ont faites en votre faveur ! vous renonciez à tous ces biens pour vivre déshonoré auprès d'Eucharis ! Direz-vous encore que l'amour ne vous attache point à elle ? Qu'eſt-ce donc qui vous trouble ? pourquoi voulez-vous mourir ? pourquoi avez-vous parlé devant la Déeſſe avec tant de tranſport ? Je ne vous accuſe point de mauvaiſe foi : mais je déplore votre aveuglement. Fuyez, Télémaque, fuyez ! on ne peut vaincre l'amour qu'en fuyant. Contre un tel ennemi, le vrai courage conſiſte à craindre & à fuir, mais à fuir ſans délibérer, & ſans ſe donner à ſoi-même le temps de regarder jamais derriere ſoi. Vous n'avez pas oublié les ſoins que vous m'avez coûtés depuis votre enfance, & les périls dont vous êtes ſorti par mes conſeils : ou croyez-moi, ou ſouffrez que je vous abandonne. Si vous ſaviez combien il m'eſt douloureux de vous voir courir à votre perte ! ſi vous ſaviez tout ce que j'ai ſouffert pendant que je n'ai oſé vous parler ! la mere qui vous mit au monde ſouffrit moins dans les douleurs de l'enfantement. Je me suis tu ; j'ai dévoré ma peine : j'ai étouffé mes soupirs, pour voir si vous reviendriez à moi. O mon fils ! mon cher fils ! soulagez mon cœur, rendez-moi ce qui m'est plus cher que mes entrailles ; rendez-moi Télémaque que j'ai perdu ; rendez-vous à vous-même. Si la sagesse en vous surmonte l'amour, je vis, & je vis heureux. Mais si l'amour vous entraîne malgré la sagesse, Mentor ne peut plus vivre.

Pendant que Mentor parloit ainsi, il continuoit son chemin vers la mer ; & Télémaque, qui n'étoit pas encore asfez fort pour le suivre de lui-même, l'étoit déjà asfez pour se laisser mener sans résistance. Minerve, toujours cachée sous la figure de Mentor, couvrant invisiblement Télémaque de son égide, & répandant autour de lui un rayon divin, lui fit sentir un courage qu'il n'avoit point encore éprouvé depuis qu'il étoit dans cette isle. Enfin ils arriverent dans un endroit de l'isle où le rivage de la mer étoit escarpé ; c'étoit un rocher toujours battu par l'onde écumante. Ils regarderent de cette hauteur si le vaisseau que Mentor avoit préparé étoit encore dans la même place : mais ils apperçurent un triste spectacle.

L'Amour étoit vivement piqué de voir que ce vieillard inconnu non seulement étoit insensible à ses traits, mais encore lui enlevoit Télémaque : il pleuroit de dépit, & alla trouver Calypso errante dans les sombres forêts. Elle ne put le voir sans gémir, & elle sentit qu'il rouvroit toutes les plaies de son cœur. L'Amour lui dit : Vous êtes Déesse, & vous vous laissez vaincre par un foible mortel qui est captif dans votre isle ! pourquoi le laissez-vous sortir ? O malheureux Amour ! répondit-elle, je ne veux plus écouter tes pernicieux conseils : c'est toi qui m'as tirée d'une douce & profonde paix pour me précipiter dans un abîme de malheurs. C'en est fait, j'ai juré par les ondes du Styx que je laisserois partir Télémaque. Jupiter même, le pere des Dieux, avec toute sa puissance, n'oseroit contrevenir à ce redoutable serment. Télémaque sort de mon isle; sors aussi, pernicieux enfant, tu m'as fait plus de mal que lui!

L'Amour, essuyant ses larmes, fit un souris moqueur & malin. En vérité, dit-il, voilà un grand embarras! laissez-moi faire; suivez votre serment, ne vous opposez point au départ de Télémaque. Ni vos Nymphes ni moi n'avons juré par les ondes du Styx de le laisser partir. Je leur inspirerai le dessein de brûler ce vaisseau que Mentor a fait avec tant de précipitation. Sa diligence, qui vous a surprise, sera inutile. Il sera surpris lui-même à son tour; & il ne lui restera plus aucun moyen de vous arracher Télémaque.

Ces paroles flatteuses firent glisser l'espérance & la joie jusqu'au fond des entrailles de Calypso. Ce qu'un zéphyr fait par sa fraîcheur sur le bord d'un ruisseau pour délasser les troupeaux languissants que l'ardeur de l'été consume, ce discours le fit pour appaiser le désespoir de la Déesse. Son visage devint serein, ses yeux s'adoucirent, les noirs soucis qui rongeoient son cœur s'enfuirent pour un moment loin d'elle : elle s'arrêta, elle sourit, elle flatta le folâtre Amour ; & en le flattant elle se prépara de nouvelles douleurs.

L'Amour, content de l'avoir persuadée, alla pour persuader aussi les Nymphes, qui étoient errantes & dispersées sur toutes les montagnes, comme un troupeau de moutons que la rage des loups affamés a mis en fuite loin du berger. L'Amour les rassemble, & leur dit : Télémaque est encore en vos mains ; hâtez-vous de brûler ce vaisseau que le téméraire Mentor a fait pour s'enfuir. Aussi-tôt elles allument des flambeaux, elles accourent sur le rivage ; elles frémissent, elles poussent des hurlements, elles secouent leurs cheveux épars, comme des Bacchantes. Déjà la flamme vole, elle dévore le vaisseau, qui est d'un bois sec & enduit de résine ; des tourbillons de fumée & de flammes s'élevent dans les nues.

Télémaque & Mentor apperçoivent ce

feu de dessus le rocher, & entendent les cris des Nymphes. Télémaque fut tenté de s'en réjouir : car son cœur n'étoit pas encore guéri ; & Mentor remarquoit que sa passion étoit comme un feu mal éteint qui sort de temps en temps de dessous la cendre, & qui repousse de vives étincelles. Me voilà donc, dit Télémaque, rengagé dans mes liens ! Il ne nous reste plus aucune espérance de quitter cette isle.

Mentor vit bien que Télémaque alloit retomber dans toutes ses foiblesses, & qu'il n'y avoit pas un seul moment à perdre. Il apperçut de loin au milieu des flots un vaisseau arrêté qui n'osoit approcher de l'isle, parceque tous les pilotes connoissoient que l'isle de Calypso étoit inaccessible à tous les mortels. Aussi-tôt le sage Mentor poussant Télémaque, qui étoit assis sur le bord du rocher, le précipite dans la mer, & s'y jette avec lui. Télémaque, surpris de cette violente chûte, but l'onde amere, & devint le jouet des flots. Mais revenant à lui, & voyant Mentor qui lui tendoit la main pour lui aider à nager, il ne songea plus qu'à s'éloigner de l'isle fatale.

Les Nymphes, qui avoient cru les tenir captifs, pousserent des cris pleins de fureur, ne pouvant plus empêcher leur fuite. Calypso, inconsolable, rentra dans sa grotte, qu'elle remplit de ses hurlements. L'Amour, qui vit changer son triomphe en une honteuse défaite, s'éleva au milieu de l'air en secouant ses ailes, & s'envola dans le bocage d'Idalie, où sa cruelle mere l'attendoit. L'enfant, encore plus cruel, ne se consola qu'en riant avec elle de tous les maux qu'il avoit faits.

A mesure que Télémaque s'éloignoit de l'isle, il sentoit avec plaisir renaître son courage & son amour pour la vertu. J'éprouve, s'écrioit-il parlant à Mentor, ce que vous me disiez, & que je ne pouvois croire faute d'expérience : on ne surmonte le vice qu'en le fuyant. O mon pere! que les Dieux m'ont aimé en me donnant votre secours! Je méritois d'en être privé, & d'être abandonné à moi-même. Je ne crains plus, ni mer, ni vents, ni tempêtes ; je ne crains plus que mes paſsions. L'amour eſt lui ſeul plus à craindre que tous les naufrages.

Fin du ſeptieme Livre.

SOMMAIRE
DU LIVRE HUITIEME.

Adoam, frere de Narbal, commande le vaisseau tyrien où Télémaque & Mentor sont reçus favorablement. Ce Capitaine, reconnoissant Télémaque, lui raconte la mort tragique de Pygmalion & d'Astarbé, puis l'élévation de Baléazar, que le tyran son pere avoit disgracié à la persuasion de cette femme. Pendant un repas qu'il donne à Télémaque & à Mentor, Achitoas, par la douceur de son chant, assemble autour du vaisseau les Tritons, les Néréides, & les autres Divinités de la mer. Mentor, prenant une lyre, en joue beaucoup mieux qu'Achitoas. Adoam raconte ensuite les merveilles de la Bétique. Il décrit la douce température de l'air & les autres beautés de ce pays, dont les peuples menent une vie tranquille dans une grande simplicité de mœurs.

LIVRE HUITIEME.

Le vaisseau qui étoit arrêté, & vers lequel ils s'avançoient, étoit un vaisseau phénicien qui alloit dans l'Epire. Ces Phéniciens avoient vu Télémaque au voyage d'Egypte : mais ils n'avoient garde de le reconnoître au milieu des flots. Quand Mentor fut asez près du vaisseau pour faire entendre sa voix, il s'écria d'une voix forte, en élevant sa tête au-dessus de l'eau : Phéniciens, si secourables à toutes les nations, ne refusez pas la vie à deux hommes qui l'attendent de votre humanité. Si le respect des Dieux vous touche, recevez-nous dans votre vaisseau : nous irons par-tout où vous irez. Celui qui commandoit répondit : Nous vous recevrons avec joie ; nous n'ignorons pas ce qu'on doit faire pour des inconnus qui paroissent si malheureux. Aussitôt on les reçoit dans le vaisseau.

A peine y furent-ils entrés, que, ne pouvant plus respirer, ils demeurerent immobiles ; car ils avoient nagé long-temps & avec effort pour résister aux vagues. Peu-à-peu ils reprirent leurs forces ; on leur donna d'autres habits, parceque les leurs étoient appesantis par l'eau qui les avoit pénétrés, & qui couloit de toutes parts. Lorsqu'ils furent en état de parler, tous ces Phéniciens, empressés autour d'eux, vouloient savoir leurs aventures. Celui qui commandoit leur dit : Comment avez-vous pu entrer dans cette isle d'où vous sortez ? elle est, dit-on, possédée par une Déesse cruelle, qui ne souffre jamais qu'on y aborde. Elle est même bordée de rochers affreux, contre lesquels la mer va follement combattre ; & on ne pourroit en approcher sans faire naufrage.

Mentor répondit : Nous y avons été jettés : nous sommes Grecs ; notre patrie est l'isle d'Ithaque, voisine de l'Epire où vous allez. Quand même vous ne voudriez pas relâcher en Ithaque, qui est sur votre route, il nous suffiroit que vous nous menassiez dans l'Epire : nous y trouverons des amis qui auront soin de nous faire faire le court trajet qui nous restera ; & nous vous devrons à jamais la joie de revoir ce que nous avons de plus cher au monde.

Ainsi c'étoit Mentor qui portoit la parole; & Télémaque, gardant le silence, le laissoit parler : car les fautes qu'il avoit faites dans l'isle de Calypso augmenterent beaucoup sa sagesse. Il se défioit de lui-même ; il sentoit le besoin de suivre toujours les sages conseils de Mentor ; & quand il ne pouvoit lui parler pour lui demander ses avis, du moins il consultoit ses yeux, & tâchoit de deviner toutes ses pensées.

Le Commandant phénicien arrêtant ses yeux sur Télémaque, croyoit se souvenir de l'avoir vu ; mais c'étoit un souvenir confus qu'il ne pouvoit démêler. Souffrez, lui dit-il, que je vous demande si vous vous souvenez de m'avoir vu autrefois, comme il me semble que je me souviens de vous avoir vu : votre visage ne m'est point inconnu, il m'a d'abord frappé ; mais je ne sais où je vous ai vu : votre mémoire peut-être aidera à la mienne.

Télémaque lui répondit avec un étonnement mêlé de joie : Je suis, en vous voyant, comme vous êtes à mon égard : je vous ai vu, je vous reconnois ; mais je ne puis me rappeller si c'est en Egypte ou à Tyr. Alors ce Phénicien, tel qu'un homme qui s'éveille le matin, & qui rappelle peu-à-peu de loin le songe fugitif qui a disparu à son réveil, s'écria tout-à-coup : Vous êtes Télémaque, que Narbal prit en amitié lorsque nous revînmes d'Egypte. Je suis son frere dont il vous aura sans doute parlé souvent. Je vous laissai entre ses mains après l'expédition d'Egypte : il me fallut aller au-delà de toutes les mers dans la fameuse Bétique auprès des colonnes d'Hercule. Ainsi je ne fis que vous voir ; & il ne faut pas s'étonner si j'ai eu tant de peine à vous reconnoître d'abord.

Je vois bien, répondit Télémaque, que vous êtes Adoam. Je ne fis presque alors que vous entrevoir ; mais je vous ai connu par les entretiens de Narbal. Oh ! quelle joie de pouvoir apprendre par vous des nouvelles d'un homme qui me sera toujours si cher ! Est-il toujours à Tyr ? ne souffre-t-il point quelque cruel traitement du soupçonneux & barbare Pygmalion ? Adoam répondit en l'interrompant : Sachez, Télémaque, que la fortune favorable vous confie à un homme qui prendra toutes sortes de soins de vous. Je vous ramenerai dans l'isle d'Ithaque avant que d'aller en Epire; & le frere de Narbal n'aura pas moins d'amitié pour vous, que Narbal même.

Ayant parlé ainsi, il remarqua que le vent qu'il attendoit commençoit à souffler; il fit lever les ancres, mettre les voiles, & fendre la mer à force de rames. Aussi-tôt il prit à part Télémaque & Mentor, pour les entretenir.

Je vais, dit-il regardant Télémaque, satisfaire votre curiosité. Pygmalion n'est plus ; les justes Dieux en ont délivré la terre. Comme il ne se fioit à personne, personne ne pouvoit se fier à lui. Les bons se contentoient de gémir & de fuir ses cruautés, sans pouvoir se résoudre à lui faire aucun mal ; les méchants ne croyoient pouvoir assurer leur vie qu'en finissant la sienne : il n'y avoit point de Tyrien qui ne fût chaque jour en danger d'être l'objet de ses défiances. Ses gardes mêmes étoient plus exposés que les autres : comme sa vie étoit entre leurs mains, il les craignoit plus que tout le reste des hommes ; &, sur le moindre soupçon, il les sacrifioit à sa sûreté. Ainsi à force de chercher sa sûreté, il ne pouvoit plus la trouver. Ceux qui étoient les dépositaires de sa vie étoient dans un péril continuel par sa défiance ; & ils ne pouvoient se tirer d'un état si horrible qu'en prévenant par la mort du tyran ses cruels soupçons.

L'impie Astarbé, dont vous avez ouï parler si souvent, fut la premiere à résoudre la perte du Roi. Elle aima passionnément un jeune Tyrien fort riche, nommé Joazar ; elle espéra de le mettre sur le trône. Pour réussir dans ce dessein, elle persuada au Roi que l'aîné de ses deux fils, nommé

Phadael, impatient de succéder à son pere, avoit conspiré contre lui : elle trouva de faux témoins pour prouver la conspiration. Le malheureux Roi fit mourir son fils innocent. Le second, nommé Baléazar, fut envoyé à Samos, sous prétexte d'apprendre les mœurs & les sciences de la Grece, mais en effet parcequ'Astarbé fit entendre au Roi qu'il falloit l'éloigner, de peur qu'il ne prît des liaisons avec les mécontents. A peine fut-il parti, que ceux qui conduisoient le vaisseau, ayant été corrompus par cette femme cruelle, prirent leurs mesures pour faire naufrage pendant la nuit ; ils se sauverent en nageant jusqu'à des barques étrangeres qui les attendoient, & ils jetterent le jeune Prince au fond de la mer.

Cependant les amours d'Astarbé n'étoient ignorées que de Pygmalion ; & il s'imaginoit qu'elle n'aimeroit jamais que lui seul. Ce Prince si défiant étoit ainsi plein d'une aveugle confiance pour cette méchante femme : c'étoit l'amour qui l'aveugloit jusqu'à cet excès. En même temps l'avarice lui fit chercher des prétextes pour faire mourir Joazar, dont Astarbé étoit si passionnée ; il ne songeoit qu'à ravir les richesses de ce jeune homme.

Mais pendant que Pygmalion étoit en proie à la défiance, à l'amour, & à l'avarice, Astarbé se hâta de lui ôter la vie. Elle crut qu'il avoit peut-être découvert quelque chose de ses infâmes amours avec ce jeune homme. D'ailleurs, elle savoit que l'avarice seule suffiroit pour porter le Roi à une action cruelle contre Joazar ; elle conclut qu'il n'y avoit pas un moment à perdre pour le prévenir. Elle voyoit les principaux officiers du palais prêts à tremper leurs mains dans le sang du Roi ; elle entendoit parler tous les jours de quelque nouvelle conjuration : mais elle craignoit de se confier à quelqu'un par qui elle seroit trahie. Enfin, il lui parut plus asuré d'empoisonner Pygmalion.

Il mangeoit le plus souvent tout seul avec elle, & apprêtoit lui-même tout ce qu'il devoit manger, ne pouvant se fier qu'à ses propres mains. Il se renfermoit dans le lieu le plus reculé de son palais, pour mieux cacher sa défiance, & pour n'être jamais observé quand il préparoit ses repas ; il n'osoit plus chercher aucun des plaisirs de la table. Il ne pouvoit se résoudre à manger d'aucune des choses qu'il ne savoit pas apprêter lui-même. Ainsi non seulement toutes les viandes cuites avec des ragoûts par des cuisiniers, mais encore le vin, le pain, le sel, l'huile, le lait, & tous les autres aliments ordinaires, ne pouvoient être de son usage : il ne mangeoit que des fruits qu'il avoit cueillis lui-même dans son jardin, ou des légumes qu'il avoit semés, & qu'il faisoit cuire. Au reste, il ne buvoit jamais d'autre eau que de celle qu'il puisoit lui-même dans une fontaine qui étoit renfermée dans un endroit de son palais dont il gardoit toujours la clef. Quoiqu'il parût si rempli de confiance pour Astarbé, il ne laissoit pas de se précautionner contre elle ; il la faisoit toujours manger & boire avant lui de tout ce qui devoit servir à son repas, afin qu'il ne pût point être empoisonné sans elle, & qu'elle n'eût aucune espérance de vivre plus long-temps que lui. Mais elle prit du contrepoison qu'une vieille femme encore plus méchante qu'elle, & qui étoit la confidente de ses amours, lui avoit fourni; après quoi elle ne craignit plus d'empoisonner le Roi.

Voici comment elle y parvint. Dans le moment où ils alloient commencer leur repas, cette vieille dont j'ai parlé fit tout-à-coup du bruit à une porte. Le Roi, qui croyoit toujours qu'on alloit le tuer, se trouble, & court à cette porte pour voir si elle étoit asez bien fermée. La vieille se retire. Le Roi demeure interdit, & ne sachant ce qu'il doit croire de ce qu'il a entendu; il n'ose pourtant ouvrir la porte pour s'éclaircir. Astarbé le rasure, le flatte, & le presse de manger; elle avoit déjà jetté du poison dans sa coupe d'or pendant qu'il étoit allé à la porte. Pygmalion, selon sa coutume, la fit boire la premiere; elle but sans crainte, se fiant au contrepoison.

Pygmalion but aussi, & peu de temps après il tomba dans une défaillance.

Astarbé, qui le connoissoit capable de la tuer sur le moindre soupçon, commença à déchirer ses habits, à arracher ses cheveux, & à pousser des cris lamentables; elle embrassoit le Roi mourant; elle le tenoit serré entre ses bras; elle l'arrosoit d'un torrent de larmes, car les larmes ne coûtoient rien à cette femme artificieuse. Enfin, quand elle vit que les forces du Roi étoient épuisées, & qu'il étoit comme agonisant, dans la crainte qu'il ne revînt & qu'il ne voulût la faire mourir avec lui, elle passa des caresses & des plus tendres marques d'amitié à la plus horrible fureur; elle se jetta sur lui, & l'étouffa. Ensuite elle arracha de son doigt l'anneau royal, lui ôta le diadême, & fit entrer Joazar à qui elle donna l'un & l'autre. Elle crut que tous ceux qui avoient été attachés à elle ne manqueroient pas de suivre sa passion, & que son amant seroit proclamé Roi. Mais ceux qui avoient été les plus empressés à lui plaire étoient des esprits bas & mercenaires qui étoient incapables d'une sincere affection : d'ailleurs ils manquoient de courage, & craignoient les ennemis qu'Astarbé s'étoit attirés ; enfin, ils craignoient encore plus la hauteur, la dissimulation & la cruauté de cette femme impie : chacun pour sa propre sûreté desiroit qu'elle pérît.

Cependant tout le palais est plein d'un tumulte affreux ; on entend par-tout les cris de ceux qui disent : Le Roi est mort. Les uns sont effrayés, les autres courent aux armes. Tous paroissent en peine des suites, mais ravis de cette nouvelle. La Renommée la fait voler de bouche en bouche dans toute la grande ville de Tyr, & il ne se trouve pas un seul homme qui regrette le Roi ; sa mort est la délivrance & la consolation de tout le peuple.

Narbal, frappé d'un coup si terrible, déplora en homme de bien le malheur de Pygmalion, qui s'étoit trahi lui-même en se livrant à l'impie Astarbé, & qui avoit mieux aimé être un tyran monstrueux, que d'être, selon le devoir d'un Roi, le pere de son peuple. Il songea au bien de l'Etat, & se hâta de rallier tous les gens de bien pour s'opposer à Astarbé, sous laquelle on auroit vu un regne encore plus dur que celui qu'on voyoit finir.

Narbal savoit que Baléazar ne fut point noyé quand on le jetta dans la mer. Ceux qui asurerent Astarbé qu'il étoit mort parlerent ainsi croyant qu'il l'étoit: mais, à la faveur de la nuit, il s'étoit sauvé en nageant; & des marchands de Crete, touchés de compassion, l'avoient reçu dans leur barque. Il n'avoit pas osé retourner dans le royaume de son pere, soupçonnant qu'on avoit voulu le faire périr, & craignant autant la cruelle jalousie de Pygmalion, que les artifices d'Astarbé. Il demeura long-temps errant & travesti sur les bords de la mer, en Syrie, où les marchands crétois l'avoient laissé; il fut même obligé de garder un troupeau pour gagner sa vie. Enfin, il trouva moyen de faire savoir à Narbal l'état où il étoit; il crut pouvoir confier son secret & sa vie à un homme d'une vertu si éprouvée. Narbal, maltraité par le pere, ne laissa pas d'aimer le fils, & de veiller pour ses intérêts : mais il n'en prit soin que pour l'empêcher de manquer jamais à ce qu'il devoit à son pere, & il l'engagea à souffrir patiemment sa mauvaise fortune.

Baléazar avoit mandé à Narbal : Si vous jugez que je puisse vous aller trouver, envoyez-moi un anneau d'or ; & je comprendrai aussi-tôt qu'il sera temps de vous aller joindre. Narbal ne jugea pas à propos, pendant la vie de Pygmalion, de faire venir Baléazar ; il auroit tout hasardé pour la vie du Prince & pour la sienne propre : tant il étoit difficile de se garantir des recherches rigoureuses de Pygmalion. Mais, aussi-tôt que ce malheureux Roi eut fait une fin digne de ses crimes, Narbal se hâta d'envoyer l'anneau d'or à Baléazar. Baléazar partit aussi-tôt, & arriva aux portes de Tyr dans le temps que toute la ville étoit en trouble pour savoir qui succéderoit à Pygmalion. Il fut aisément reconnu par les principaux Tyriens & par tout le peuple. On l'aimoit, non pour l'amour du feu Roi son pere, qui étoit haï universellement, mais à cause de sa douceur & de sa modération. Ses longs malheurs mêmes lui donnoient je ne sais quel éclat qui relevoit toutes ses bonnes qualités, & qui attendrissoit tous les Tyriens en sa faveur.

Narbal assembla les chefs du peuple, les vieillards qui formoient le Conseil, & les prêtres de la grande Déesse de Phénicie. Ils saluerent Baléazar comme leur Roi, & le firent proclamer par des hérauts. Le peuple répondit par mille acclamations de joie. Astarbé les entendit du fond du palais, où elle étoit renfermée avec son lâche & infâme Joazar. Tous les méchants dont elle s'étoit servie pendant la vie de Pygmalion l'avoient abandonnée ; car les méchants craignent les méchants, s'en défient, & ne souhaitent point de les voir en crédit. Les hommes corrompus connoissent combien leurs semblables abuseroient de l'autorité,

& quelle seroit leur violence. Mais pour les bons, les méchants s'en accommodent mieux, parcequ'au moins ils espèrent trouver en eux de la modération & de l'indulgence. Il ne restoit plus autour d'Astarbé que certains complices de ses crimes les plus affreux, & qui ne pouvoient attendre que le supplice.

On força le palais; ces scélérats n'oserent pas résister long-temps, & ne songerent qu'à s'enfuir. Astarbé, déguisée en esclave, voulut se sauver dans la foule; mais un soldat la reconnut : elle fut prise, & on eut bien de la peine à empêcher qu'elle ne fût déchirée par le peuple en fureur. Déjà on avoit commencé à la traîner dans la boue; mais Narbal la tira des mains de la populace. Alors elle demanda à parler à Baléazar, espérant de l'éblouir par ses charmes, & de lui faire espérer qu'elle lui découvriroit des secrets importants. Baléazar ne put refuser de l'écouter. D'abord elle montra, avec sa beauté, une douceur & une modestie capables de toucher les cœurs les plus irrités. Elle flatta Baléazar par les louanges les plus délicates & les plus infinuantes; elle lui repréfenta combien Pygmalion l'avoit aimée; elle le conjura par fes cendres d'avoir pitié d'elle; elle invoqua les Dieux comme fi elle les eût fincèrement adorés; elle verfa des torrents de larmes; elle fe jetta aux genoux du nouveau Roi : mais enfuite elle n'oublia rien pour lui rendre fufpects & odieux tous fes ferviteurs les plus affectionnés. Elle accufa Narbal d'être entré dans une conjuration contre Pygmalion, & d'avoir efsayé de fuborner les peuples pour fe faire Roi au préjudice de Baléazar : elle ajouta qu'il vouloit empoifonner ce jeune Prince. Elle inventa de femblables calomnies contre tous les autres Tyriens qui aiment la vertu; elle efpéroit de trouver dans le cœur de Baléazar la même défiance & les mêmes foupçons qu'elle avoit vus dans celui du Roi fon pere. Mais Baléazar, ne pouvant plus fouffrir la noire malignité de cette femme, l'interrompit, & appella des gardes. On la mit en prifon;

LIVRE VIII.

les plus sages vieillards furent commis pour examiner toutes ses actions.

On découvrit avec horreur qu'elle avoit empoisonné & étouffé Pygmalion : toute la suite de sa vie parut un enchaînement continuel de crimes monstrueux. On alloit la condamner au supplice qui est destiné à punir les grands crimes dans la Phénicie ; c'est d'être brûlé à petit feu : mais quand elle comprit qu'il ne lui restoit plus aucune espérance, elle devint semblable à une Furie sortie de l'enfer ; elle avala du poison, qu'elle portoit toujours sur elle pour se faire mourir en cas qu'on voulût lui faire souffrir de longs tourments. Ceux qui la gardoient apperçurent qu'elle souffroit une violente douleur, ils voulurent la secourir ; mais elle ne voulut jamais leur répondre, & elle fit signe qu'elle ne vouloit aucun soulagement. On lui parla des justes Dieux qu'elle avoit irrités : au lieu de témoigner la confusion & le repentir que ses fautes méritoient, elle regarda le ciel avec mépris & arrogance, comme pour insulter aux Dieux.

La rage & l'impiété étoient peintes sur son visage mourant ; on ne voyoit plus aucun reste de cette beauté qui avoit fait le malheur de tant d'hommes. Toutes ses graces étoient effacées : ses yeux éteints rouloient dans sa tête, & jettoient des regards farouches ; un mouvement convulsif agitoit ses levres, & tenoit sa bouche ouverte d'une horrible grandeur ; tout son visage, tiré & rétreci, faisoit des grimaces hideuses ; une pâleur livide & une froideur mortelle avoient saisi tout son corps. Quelquefois elle sembloit se ranimer ; mais ce n'étoit que pour pousser des hurlements. Enfin elle expira, laissant remplis d'horreur & d'effroi tous ceux qui la virent. Ses mânes impies descendirent sans doute dans ces tristes lieux où les cruelles Danaïdes puisent éternellement de l'eau dans des vases percés, où Ixion tourne à jamais sa roue, où Tantale, brûlant de soif, ne peut avaler l'eau qui s'enfuit de ses levres, où Sisyphe roule inutilement un rocher qui retombe sans cesse, & où Tityc sentira éternellement dans ſes entrailles toujours renaiſsantes un vautour qui les ronge.

Baléazar, délivré de ce monſtre, rendit graces aux Dieux par d'innombrables ſacrifices. Il a commencé ſon regne par une conduite toute oppoſée à celle de Pygmalion. Il s'eſt appliqué à faire refleurir le commerce, qui languiſsoit tous les jours de plus en plus : il a pris les conſeils de Narbal pour les principales affaires, & n'eſt pourtant pas gouverné par lui; car il veut tout voir par lui-même : il écoute tous les différents avis qu'on veut lui donner, & décide enſuite ſur ce qui lui paroît le meilleur. Il eſt aimé des peuples. En poſsédant les cœurs, il poſsede plus de tréſors que ſon pere n'en avoit amaſsé par ſon avarice cruelle; car il n'y a aucune famille qui ne lui donnât tout ce qu'elle a de bien, s'il ſe trouvoit dans une preſsante néceſſité : ainſi ce qu'il leur laiſse eſt plus à lui que s'il le leur ôtoit. Il n'a pas beſoin de ſe précautionner pour la ſûreté de ſa vie; car il a toujours autour de lui la plus sûre garde, qui est l'amour des peuples. Il n'y a aucun de ses sujets qui ne craigne de le perdre, & qui ne hasardât sa propre vie pour conserver celle d'un si bon Roi. Il vit heureux ; & tout son peuple est heureux avec lui : il craint de charger trop ses peuples ; ses peuples craignent de ne lui offrir pas une asez grande partie de leurs biens : il les laisse dans l'abondance ; & cette abondance ne les rend ni indociles ni insolents, car ils sont laborieux, adonnés au commerce, fermes à conserver la pureté des anciennes loix. La Phénicie est remontée au plus haut point de sa grandeur & de sa gloire. C'est à son jeune Roi qu'elle doit tant de prospérités.

Narbal gouverne sous lui. O Télémaque ! s'il vous voyoit maintenant, avec quelle joie vous combleroit-il de présents ! Quel plaisir seroit-ce pour lui de vous renvoyer magnifiquement dans votre patrie ! Ne suis-je pas heureux de faire ce qu'il voudroit pouvoir faire lui-même, & d'aller dans l'isle d'Ithaque mettre sur le trône le fils d'Ulyſse, afin qu'il y regne auſſi ſagement que Baléazar regne à Tyr?

Après qu'Adoam eut parlé ainſi, Télémaque, charmé de l'hiſtoire que ce Phénicien venoit de raconter, & plus encore des marques d'amitié qu'il en recevoit dans ſon malheur, l'embraſsa tendrement. Enſuite Adoam lui demanda par quelle aventure il étoit entré dans l'isle de Calypſo. Télémaque lui fit, à ſon tour, l'hiſtoire de ſon départ de Tyr; de ſon paſsage dans l'isle de Cypre; de la maniere dont il avoit retrouvé Mentor; de leur voyage en Crete; des jeux publics pour l'élection d'un Roi après la fuite d'Idoménée; de la colere de Vénus; de leur naufrage; du plaiſir avec lequel Calypſo les avoit reçus; de la jalouſie de cette Déeſse contre une de ſes Nymphes, & de l'action de Mentor, qui avoit jetté ſon ami dans la mer dès qu'il vit le vaiſseau phénicien.

Après ces entretiens, Adoam fit ſervir un magnifique repas; & pour témoigner une plus grande joie, il raſsembla tous les plaisirs dont on pouvoit jouir. Pendant le repas, qui fut servi par de jeunes Phéniciens vêtus de blanc & couronnés de fleurs, on brûla les plus exquis parfums de l'Orient. Tous les bancs de rameurs étoient pleins de joueurs de flûte. Achitoas les interrompoit de temps en temps par les doux accords de sa voix & de sa lyre, dignes d'être entendus à la table des Dieux, & de ravir les oreilles d'Apollon même. Les Tritons, les Néréides, toutes les Divinités qui obéissent à Neptune, les monstres marins même, sortoient de leurs grottes humides & profondes pour venir en foule autour du vaisseau, charmés par cette mélodie. Une troupe de jeunes Phéniciens d'une rare beauté, & vêtus de fin lin plus blanc que la neige, danserent long-temps les danses de leur pays, puis celles d'Egypte, & enfin celles de la Grece. De temps en temps des trompettes faisoient retentir l'onde jusqu'aux rivages éloignés. Le silence de la nuit, le calme de la mer, la lumiere tremblante de la lune répandue sur la face des ondes, le sombre azur du ciel, femé de brillantes étoiles, fervoient à rendre ce spectacle encore plus beau.

Télémaque, d'un naturel vif & fenfible, goûtoit tous ces plaifirs; mais il n'ofoit y livrer fon cœur. Depuis qu'il avoit éprouvé avec tant de honte, dans l'isle de Calypfo, combien la jeunefse eft prompte à s'enflammer, tous les plaifirs, même les plus innocents, lui faifoient peur; tout lui étoit fufpect. Il regardoit Mentor; il cherchoit fur fon vifage & dans fes yeux ce qu'il devoit penfer de tous ces plaifirs.

Mentor étoit bien-aife de le voir dans cet embarras, & ne faifoit pas femblant de le remarquer. Enfin, touché de la modération de Télémaque, il lui dit en fouriant: Je comprends ce que vous craignez: vous êtes louable de cette crainte; mais il ne faut pas la poufser trop loin. Perfonne ne fouhaitera jamais plus que moi que vous goûtiez des plaifirs, mais des plaifirs qui ne vous paffionnent ni ne vous amollifsent point. Il vous faut des plaifirs qui vous délassent, & que vous goûtiez en vous possédant ; mais non pas des plaisirs qui vous entraînent. Je vous souhaite des plaisirs doux & modérés, qui ne vous ôtent point la raison, & qui ne vous rendent jamais semblable à une bête en fureur. Maintenant il est à propos de vous délasser de toutes vos peines. Goûtez avec complaisance pour Adoam les plaisirs qu'il vous offre : réjouissez-vous, Télémaque, réjouissez-vous. La sagesse n'a rien d'austere ni d'affecté : c'est elle qui donne les vrais plaisirs; elle seule les sait assaisonner pour les rendre purs & durables ; elle sait mêler les jeux & les ris avec les occupations graves & sérieuses ; elle prépare le plaisir par le travail, & elle délasse du travail par le plaisir. La sagesse n'a point de honte de paroître enjouée quand il le faut.

En disant ces paroles, Mentor prit une lyre, & en joua avec tant d'art, qu'Achitoas, jaloux, laissa tomber la sienne de dépit; ses yeux s'allumerent, son visage troublé changea de couleur : tout le monde eût apperçu sa peine & sa honte, si la lyre de Mentor n'eût enlevé l'ame de tous les assistants. A peine osoit-on respirer, de peur de troubler le silence & de perdre quelque chose de ce chant divin : on craignoit toujours qu'il ne finît trop tôt. La voix de Mentor n'avoit aucune douceur efféminée ; mais elle étoit flexible, forte, & elle passionnoit jusqu'aux moindres choses.

Il chanta d'abord les louanges de Jupiter, pere & roi des dieux & des hommes, qui d'un signe de sa tête ébranle l'univers. Puis il représenta Minerve qui sort de sa tête, c'est-à-dire la sagesse, que ce dieu forme au-dedans de lui-même, & qui sort de lui pour instruire les hommes dociles. Mentor chanta ces vérités d'une voix si touchante, & avec tant de religion, que toute l'assemblée crut être transportée au plus haut de l'Olympe à la face de Jupiter, dont les regards sont plus perçants que son tonnerre. Ensuite il chanta le malheur du jeune Narcisse, qui, devenant follement amoureux de sa propre beauté, qu'il regardoit sans cesse au bord d'une fontaine, se consuma lui-même de douleur, & fut changé en une fleur qui porte son nom. Enfin il chanta aussi la funeste mort du bel Adonis, qu'un sanglier déchira, & que Vénus passionnée pour lui ne put ranimer en faisant au Ciel des plaintes ameres.

Tous ceux qui l'écouterent ne purent retenir leurs larmes, & chacun sentoit je ne sais quel plaisir en pleurant. Quand il eut cessé de chanter, les Phéniciens, étonnés, se regardoient les uns les autres. L'un disoit : C'est Orphée : c'est ainsi qu'avec une lyre il apprivoisoit les bêtes farouches, & enlevoit les bois & les rochers ; c'est ainsi qu'il enchanta Cerbere, qu'il suspendit les tourments d'Ixion & des Danaïdes, & qu'il toucha l'inexorable Pluton, pour tirer des enfers la belle Eurydice. Un autre s'écrioit : Non, c'est Linus, fils d'Apollon ! Un autre répondoit : Vous vous trompez, c'est Apollon lui-même. Télémaque n'étoit guere moins surpris que les autres, car il ignoroit que Mentor sût avec tant de perfection chanter & jouer de la lyre.

Achitoas, qui avoit eu le loisir de cacher sa jalousie, commença à donner des louanges à Mentor : mais il rougit en le louant, & il ne put achever son discours. Mentor, qui voyoit son trouble, prit la parole comme s'il eût voulu l'interrompre, & tâcha de le consoler, en lui donnant toutes les louanges qu'il méritoit. Achitoas ne fut point consolé ; car il sentit que Mentor le surpasfoit encore plus par sa modestie que par les charmes de sa voix.

Cependant Télémaque dit à Adoam : Je me souviens que vous m'avez parlé d'un voyage que vous fîtes dans la Bétique depuis que nous fûmes partis d'Egypte. La Bétique est un pays dont on raconte tant de merveilles qu'à peine peut-on les croire. Daignez m'apprendre si tout ce qu'on en dit est vrai. Je serai fort aise, dit Adoam, de vous dépeindre ce fameux pays, digne de votre curiosité, & qui surpasse tout ce que la renommée en publie. Aussi-tôt il commença ainsi :

Le fleuve Bétis coule dans un pays fertile, & sous un ciel doux qui est toujours serein. Le pays a pris le nom du fleuve, qui se jette dans le grand Océan, asez près des colonnes d'Hercule & de cet endroit où la mer furieuse, rompant ses digues, sépara autrefois la terre de Tarsis d'avec la grande Afrique. Ce pays semble avoir conservé les délices de l'âge d'or. Les hivers y sont tiedes, & les rigoureux aquilons n'y soufflent jamais. L'ardeur de l'été y est toujours tempérée par des zéphyrs rafraîchisants qui viennent adoucir l'air vers le milieu du jour. Ainsi toute l'année n'est qu'un heureux hymen du printemps & de l'automne, qui semblent se donner la main. La terre dans les vallons & dans les campagnes unies y porte chaque année une double moisson. Les chemins y sont bordés de lauriers, de grenadiers, de jasmins, & d'autres arbres toujours verds & toujours fleuris. Les montagnes sont couvertes de troupeaux qui fournisent des laines fines recherchées de toutes les nations connues. Il y a plusieurs mines d'or & d'argent dans ce beau pays: mais les habitants, simples, & heureux dans leur simplicité, ne daignent pas seulement compter l'or & l'argent parmi leurs richesses; ils n'estiment que ce qui sert véritablement aux besoins de l'homme.

Quand nous avons commencé à faire notre commerce chez ces peuples, nous avons trouvé l'or & l'argent parmi eux employés aux mêmes usages que le fer; par exemple, pour des socs de charrue. Comme ils ne faisoient aucun commerce au-dehors, ils n'avoient besoin d'aucune monnoie. Ils sont presque tous bergers ou laboureurs. On voit en ce pays peu d'artisans: car ils ne veulent souffrir que les arts qui servent aux véritables nécessités des hommes; encore même la plupart des hommes en ce pays, étant adonnés à l'agriculture ou à conduire des troupeaux, ne laissent pas d'exercer les arts nécesaires pour leur vie simple & frugale.

Les femmes filent cette belle laine, & en font des étoffes fines & d'une merveilleufe blancheur : elles font le pain, apprètent à manger ; & ce travail leur eft facile, car on ne vit en ce pays que de fruits ou de lait, rarement de viande. Elles emploient le cuir de leurs moutons à faire une légere chaufsure pour elles, pour leurs maris & pour leurs enfants ; elles font des tentes, dont les unes sont de peaux cirées, les autres d'écorce d'arbres ; elles font & lavent tous les habits de la famille, tiennent les maifons dans un ordre & une propreté admirables. Leurs habits sont aisés à faire ; car, dans ce doux climat, on ne porte qu'une piece d'étoffe fine & légere, qui n'eft point détaillée, & que chacun met à longs plis autour de fon corps pour la modeftie, lui donnant la forme qu'il veut.

Les hommes n'ont d'autres arts à exercer, outre la culture des terres & la conduite des troupeaux, que l'art de mettre le bois & le fer en œuvre ; encore même ne fe fervent-ils guere du fer, excepté pour les inftruments nécefsaires au labourage. Tous les arts qui regardent l'architecture leur sont inutiles ; car ils ne bâtissent jamais de maison. C'est, disent-ils, s'attacher trop à la terre, que de s'y faire une demeure qui dure beaucoup plus que nous ; il suffit de se défendre des injures de l'air. Pour tous les autres arts estimés chez les Grecs, chez les Egyptiens, & chez tous les autres peuples bien policés, ils les détestent, comme des inventions de la vanité & de la mollesse.

Quand on leur parle des peuples qui ont l'art de faire des bâtiments superbes, des meubles d'or & d'argent, des étoffes ornées de broderies & de pierres précieuses, des parfums exquis, des mets délicieux, des instruments dont l'harmonie charme ; ils répondent en ces termes : Ces peuples sont bien malheureux d'avoir employé tant de travail & d'industrie à se corrompre eux-mêmes ! ce superflu amollit, enivre, tourmente, ceux qui le possedent : il tente ceux qui en sont privés, de vouloir l'acquérir par l'injustice & par la violence. Peut-on nommer bien un superflu qui ne sert qu'à rendre les hommes mauvais ? Les hommes de ce pays sont-ils plus sains & plus robustes que nous ? vivent-ils plus long-temps ? sont-ils plus unis entre eux ? menent-ils une vie plus libre, plus tranquille, plus gaie ? Au contraire, ils doivent être jaloux les uns des autres, rongés par une lâche & noire envie, toujours agités par l'ambition, par la crainte, par l'avarice, incapables de plaisirs purs & simples, puisqu'ils sont esclaves de tant de fausses nécessités dont ils font dépendre tout leur bonheur.

C'est ainsi, continuoit Adoam, que parlent ces hommes sages, qui n'ont appris la sagesse qu'en étudiant la simple nature. Ils ont horreur de notre politesse ; & il faut avouer que la leur est grande dans leur aimable simplicité. Ils vivent tous ensemble sans partager les terres ; chaque famille est gouvernée par son chef, qui en est le véritable roi. Le pere de famille est en droit de punir chacun de ses enfants ou petits-enfants qui fait une mauvaise action : mais avant que de le punir, il prend l'avis du reste de la famille. Ces punitions n'arrivent presque jamais; car l'innocence des mœurs, la bonne foi, l'obéissance, & l'horreur du vice, habitent dans cette heureuse terre. Il semble qu'Astrée, qu'on dit retirée dans le ciel, est encore ici-bas cachée parmi ces hommes. Il ne faut point de juges parmi eux; car leur propre conscience les juge. Tous les biens sont communs; les fruits des arbres, les légumes de la terre, le lait des troupeaux, sont des richesses si abondantes, que des peuples si sobres & si modérés n'ont pas besoin de les partager. Chaque famille, errante dans ce beau pays, transporte ses tentes d'un lieu en un autre, quand elle a consumé les fruits & épuisé les pâturages de l'endroit où elle s'étoit mise. Ainsi ils n'ont point d'intérêts à soutenir les uns contre les autres, & ils s'aiment tous d'un amour fraternel que rien ne trouble. C'est le retranchement des vaines richesses & des plaisirs trompeurs qui leur conserve cette paix, cette union & cette liberté. Ils sont tous libres, tous égaux.

On ne voit parmi eux aucune diſtinction, que celle qui vient de l'expérience des ſages vieillards, ou de la ſageſſe extraordinaire de quelques jeunes hommes qui égalent les vieillards conſommés en vertu. La fraude, la violence, le parjure, les procès, les guerres, ne font jamais entendre leur voix cruelle & empeſtée dans ce pays chéri des Dieux. Jamais le ſang humain n'a rougi cette terre ; à peine y voit-on couler celui des agneaux. Quand on parle à ces peuples des batailles ſanglantes, des rapides conquêtes, des renverſements d'Etats qu'on voit dans les autres nations, ils ne peuvent aſſez s'étonner. Quoi ! diſent-ils, les hommes ne ſont-ils pas aſſez mortels, ſans ſe donner encore les uns aux autres une mort précipitée ? la vie eſt ſi courte ! & il ſemble qu'elle leur paroiſſe trop longue ! ſont-ils ſur la terre pour ſe déchirer les uns les autres, & pour ſe rendre mutuellement malheureux ?

Au reſte, ces peuples de la Bétique ne peuvent comprendre qu'on admire tant les conquérants qui subjuguent les grands empires. Quelle folie, difent-ils, de mettre fon bonheur à gouverner les autres hommes, dont le gouvernement donne tant de peine si on veut les gouverner avec raison & suivant la justice ! Mais pourquoi prendre plaisir à les gouverner malgré eux ? c'est tout ce qu'un homme sage peut faire, que de vouloir s'asujettir à gouverner un peuple docile dont les Dieux l'ont chargé, ou un peuple qui le prie d'être comme son pere & son protecteur. Mais gouverner les peuples contre leur volonté, c'est se rendre très misérable, pour avoir le faux honneur de les tenir dans l'esclavage. Un conquérant est un homme que les Dieux, irrités contre le genre humain, ont donné à la terre dans leur colere pour ravager les royaumes, pour répandre par-tout l'effroi, la misere, le désespoir, & pour faire autant d'esclaves qu'il y a d'hommes libres. Un homme qui cherche la gloire ne la trouve-t-il pas asez en conduisant avec sagesse ce que les Dieux ont mis dans ses mains ? croit-il ne pouvoir mériter des louanges qu'en devenant violent, injuste, hautain, usurpateur & tyrannique sur tous ses voisins ? Il ne faut jamais songer à la guerre, que pour défendre sa liberté. Heureux celui qui, n'étant point esclave d'autrui, n'a point la folle ambition de faire d'autrui son esclave ! Ces grands conquérants, qu'on nous dépeint avec tant de gloire, ressemblent à ces fleuves débordés qui paroissent majestueux, mais qui ravagent toutes les fertiles campagnes qu'ils devroient seulement arroser.

Après qu'Adoam eut fait cette peinture de la Bétique, Télémaque, charmé, lui fit diverses questions curieuses. Ces peuples, lui dit-il, boivent-ils du vin ?

Ils n'ont garde d'en boire, reprit Adoam, car ils n'ont jamais voulu en faire. Ce n'est pas qu'ils manquent de raisins ; aucune terre n'en porte de plus délicieux : mais ils se contentent de manger le raisin comme les autres fruits, & ils craignent le vin comme le corrupteur des hommes. C'est une espece, de poison, disent-ils, qui met en fureur : il ne fait pas mourir l'homme, mais il le rend bête. Les hommes peuvent conferver leur fanté & leurs forces fans vin : avec le vin, ils courent rifque de ruiner leur fanté & de perdre les bonnes mœurs.

Télémaque difoit enfuite : Je voudrois bien favoir quelles loix reglent les mariages dans cette nation. Chaque homme, répondit Adoam, ne peut avoir qu'une femme, & il faut qu'il la garde tant qu'elle vit. L'honneur des hommes en ce pays dépend autant de leur fidélité à l'égard de leurs femmes, que l'honneur des femmes dépend chez les autres peuples de leur fidélité pour leurs maris. Jamais peuple ne fut fi honnête, ni fi jaloux de la pureté. Les femmes y sont belles & agréables, mais fimples, modeftes & laborieufes. Les mariages y sont paifibles, féconds, fans tache. Le mari & la femme femblent n'être plus qu'une feule perfonne en deux corps différents : le mari & la femme partagent enfemble tous les foins domeftiques ; le mari regle toutes les affaires du dehors, la femme fe renferme dans son ménage : elle soulage son mari, elle paroît n'être faite que pour lui plaire ; elle gagne sa confiance, & le charme moins par sa beauté que par sa vertu. Ce vrai charme de leur société dure autant que leur vie. La sobriété, la modération & les mœurs pures de ce peuple lui donnent une vie longue & exempte de maladie. On y voit des vieillards de cent & de six vingts ans, qui ont encore de la gaieté & de la vigueur.

Il me reste, ajoutoit Télémaque, à savoir comment ils font pour éviter la guerre avec les autres peuples voisins.

La nature, dit Adoam, les a séparés des autres peuples, d'un côté par la mer, & de l'autre par de hautes montagnes vers le nord. D'ailleurs les peuples voisins les respectent à cause de leur vertu. Souvent les autres nations, ne pouvant s'accorder ensemble, les ont pris pour juges de leurs différends, & leur ont confié les terres & les villes qu'elles disputoient entre elles. Comme cette sage nation n'a jamais fait aucune violence, personne ne se défie d'elle. Ils rient quand on leur parle des Rois qui ne peuvent régler entre eux les frontieres de leurs Etats. Peut-on craindre, difent-ils, que la terre manque aux hommes ? il y en aura toujours plus qu'ils n'en pourront cultiver. Tandis qu'il reftera des terres libres & incultes, nous ne voudrions pas même défendre les nôtres contre des voifins qui viendroient s'en faifir. On ne trouve, dans tous les habitants de la Bétique, ni orgueil, ni hauteur, ni mauvaife foi, ni envie d'étendre leur domination. Ainfi leurs voifins n'ont jamais rien à craindre d'un tel peuple, & ils ne peuvent efpérer de s'en faire craindre; c'eft pourquoi ils les laiffent en repos. Ce peuple abandonneroit fon pays, ou fe livreroit à la mort, plutôt que d'accepter la fervitude : ainfi il eft autant difficile à fubjuguer, qu'il eft incapable de vouloir fubjuguer les autres. C'eft ce qui fait une paix profonde entre eux & leurs voifins.

Adoam finit ce difcours en racontant de quelle maniere les Phéniciens faifoient leur commerce dans la Bétique. Ces peuples, disoit-il, furent étonnés quand ils virent venir au travers des ondes de la mer des hommes étrangers qui venoient de si loin : ils nous laisserent fonder une ville dans l'isle de Gadès; ils nous reçurent même chez eux avec bonté, & nous firent part de tout ce qu'ils avoient, sans vouloir de nous aucun paiement. De plus, ils nous offrirent de nous donner libéralement tout ce qui leur resteroit de leurs laines, après qu'ils en auroient fait leur provision pour leur usage. En effet ils nous en envoyerent un riche présent. C'est un plaisir pour eux que de donner aux étrangers leur superflu.

Pour leurs mines, ils n'eurent aucune peine à nous les abandonner ; elles leur étoient inutiles. Il leur paroissoit que les hommes n'étoient guere sages d'aller chercher par tant de travaux, dans les entrailles de la terre, ce qui ne peut les rendre heureux, ni satisfaire à aucun vrai besoin. Ne creusez point, nous disoient-ils, si avant dans la terre : contentez-vous de la labourer, elle vous donnera de véritables biens, qui vous nourriront ; vous en tirerez des fruits qui valent mieux que l'or & que l'argent, puisque les hommes ne veulent de l'or & de l'argent que pour en acheter les aliments qui soutiennent leur vie.

Nous avons souvent voulu leur apprendre la navigation, & mener les jeunes hommes de leur pays dans la Phénicie ; mais ils n'ont jamais voulu que leurs enfants aprissent à vivre comme nous. Ils apprendroient, nous disoient-ils, à avoir besoin de toutes les choses qui vous sont devenues nécessaires : ils voudroient les avoir ; ils abandonneroient la vertu pour les obtenir par de mauvaises industries. Ils deviendroient comme un homme qui a de bonnes jambes, & qui, perdant l'habitude de marcher, s'accoutume enfin au besoin d'être toujours porté comme un malade. Pour la navigation, ils l'admirent à cause de l'industrie de cet art : mais ils croient que c'est un art pernicieux. Si ces gens-là, disent-ils, ont suffisamment en leur pays ce qui est nécefsaire à la vie, que vont-ils chercher en un autre ? ce qui suffit au besoin de la nature ne leur suffit-il pas ? ils mériteroient de faire naufrage, puisqu'ils cherchent la mort au milieu des tempêtes, pour assouvir l'avarice des marchands, & pour flatter les passions des autres hommes.

Télémaque étoit ravi d'entendre ce discours d'Adoam, & se réjouissoit qu'il y eût encore au monde un peuple qui, suivant la droite nature, fût si sage & si heureux tout ensemble. Oh ! combien ces mœurs, disoit-il, sont-elles éloignées des mœurs vaines & ambitieuses des peuples qu'on croit les plus sages ! Nous sommes tellement gâtés, qu'à peine pouvons-nous croire que cette simplicité si naturelle puisse être véritable. Nous regardons les mœurs de ce peuple comme une belle fable, & il doit regarder les nôtres comme un songe monstrueux.

Fin du huitieme Livre.

SOMMAIRE
DU LIVRE NEUVIEME.

Vénus, toujours irritée contre Télémaque, en demande la perte à Jupiter. Mais les Destinées ne permettant pas qu'il périsse, la Déesse va concerter avec Neptune les moyens de l'éloigner d'Ithaque, où Adoam le conduisoit. Ils emploient une Divinité trompeuse pour surprendre le pilote Athamas, qui, croyant arriver en Ithaque, entre à pleines voiles dans le port des Salentins. Leur Roi Idoménée reçoit Télémaque dans sa nouvelle ville, où il préparoit actuellement un sacrifice à Jupiter pour le succès d'une guerre contre les Manduriens. Le Sacrificateur, consultant les entrailles des victimes, fait tout espérer à Idoménée, & lui fait entendre qu'il devra son bonheur à ses deux nouveaux hôtes.

LIVRE NEUVIEME.

Pendant que Télémaque & Adoam s'entretenoient de la sorte, oubliant le sommeil, & n'appercevant pas que la nuit étoit déjà au milieu de sa course, une Divinité ennemie & trompeuse les éloignoit d'Ithaque, que leur pilote Athamas cherchoit en vain. Neptune, quoique favorable aux Phéniciens, ne pouvoit supporter plus longtemps que Télémaque eût échappé à la tempête qui l'avoit jetté contre les rochers de l'isle de Calypso. Vénus étoit encore plus irritée de voir ce jeune homme qui triomphoit, ayant vaincu l'Amour & tous ses charmes. Dans le transport de sa douleur, elle quitta Cythere, Paphos, Idalie, & tous les honneurs qu'on lui rend dans l'isle de Cypre : elle ne pouvoit plus demeurer dans ces lieux où Télémaque avoit méprisé son empire. Elle monte vers l'éclatant Olympe, où les Dieux étoient assemblés auprès du trône de Jupiter. De ce lieu ils apperçoivent les astres qui roulent sous leurs pieds ; ils voient le globe de la terre comme un petit amas de boue ; les mers immenses ne leur paroissent que comme des gouttes d'eau dont ce morceau de boue est un peu détrempé : les plus grands royaumes ne sont à leurs yeux qu'un peu de sable qui couvre la surface de cette boue ; les peuples innombrables & les plus puissantes armées ne sont que comme des fourmis qui se disputent les unes aux autres un brin d'herbe sur ce morceau de boue. Les immortels rient des affaires les plus sérieuses qui agitent les foibles humains, & elles leur paroissent des jeux d'enfants. Ce que les hommes appellent grandeur, gloire, puissance, profonde politique, ne paroît à ces suprêmes Divinités que misere & foiblesse.

C'est dans cette demeure si élevée au-desssus de la terre, que Jupiter a posé son trône immobile : ses yeux percent jusques dans l'abîme, & éclairent jusques dans les derniers replis des cœurs : ses regards doux

& sereins répandent le calme & la joie dans tout l'univers. Au contraire, quand il secoue sa chevelure, il ébranle le ciel & la terre : les Dieux mêmes, éblouis des rayons de gloire qui l'environnent, ne s'en approchent qu'avec tremblement.

Toutes les Divinités célestes étoient dans ce moment auprès de lui. Vénus se présenta avec tous les charmes qui naissent dans son sein ; sa robe flottante avoit plus d'éclat que toutes les couleurs dont Iris se pare au milieu des sombres nuages quand elle vient promettre aux mortels effrayés la fin des tempêtes, & leur annoncer le retour du beau temps. Sa robe étoit nouée par cette fameuse ceinture sur laquelle paroissent les graces ; les cheveux de la Déesse étoient attachés par derriere négligemment avec une tresse d'or. Tous les Dieux furent surpris de sa beauté, comme s'ils ne l'eussent jamais vue ; & leurs yeux en furent éblouis, comme ceux des mortels le sont quand Phébus, après une longue nuit, vient les éclairer par ses rayons. Ils se regardoient les uns les autres avec étonnement, & leurs yeux revenoient toujours sur Vénus. Mais ils apperçurent que les yeux de cette Déesse étoient baignés de larmes, & qu'une douleur amere étoit peinte sur son visage.

Cependant elle s'avançoit vers le trône de Jupiter, d'une démarche douce & légere comme le vol rapide d'un oiseau qui fend l'espace immense des airs. Il la regarda avec complaisance; il lui fit un doux souris, &, se levant, il l'embrasa. Ma chere fille, lui dit-il, quelle est votre peine? Je ne puis voir vos larmes sans en être touché : ne craignez point de m'ouvrir votre cœur; vous connoissez ma tendresse & ma complaisance.

Vénus lui répondit d'une voix douce mais entrecoupée de profonds soupirs : O pere des dieux & des hommes! vous qui voyez tout, pouvez-vous ignorer ce qui fait ma peine? Minerve ne s'est pas contentée d'avoir renversé jusqu'aux fondements la superbe ville de Troie que je défendois, & de s'être vengée de Pâris qui avoit préféré ma beauté à la sienne; elle conduit par toutes les terres & par toutes les mers le fils d'Ulysse ce cruel destructeur de Troie. Télémaque est accompagné par Minerve; c'est ce qui empêche qu'elle ne paroisse ici en son rang avec les autres Divinités. Elle a conduit ce jeune téméraire dans l'isle de Cypre pour m'outrager. Il a méprisé ma puissance; il n'a pas daigné seulement brûler de l'encens sur mes autels; il a témoigné avoir horreur des fêtes que l'on célebre en mon honneur; il a fermé son cœur à tous mes plaisirs. En vain Neptune pour le punir, à ma priere, a irrité les vents & les flots contre lui : Télémaque, jetté par un naufrage horrible dans l'isle de Calypso, a triomphé de l'Amour même que j'avois envoyé dans cette isle pour attendrir le cœur de ce jeune Grec. Ni sa jeunesse, ni les charmes de Calypso & de ses Nymphes, ni les traits enflammés de l'Amour, n'ont pu surmonter les artifices de Minerve. Elle l'a arraché de cette isle : me voilà confondue; un enfant triomphe de moi!

Jupiter, pour confoler Vénus, lui dit: Il est vrai, ma fille, que Minerve défend le cœur de ce jeune Grec contre toutes les fleches de votre fils, & qu'elle lui prépare une gloire que jamais jeune homme n'a méritée. Je suis fâché qu'il ait méprisé vos autels; mais je ne puis le foumettre à votre puissance. Je confens, pour l'amour de vous, qu'il foit encore errant par mer & par terre, qu'il vive loin de fa patrie, exposé à toutes sortes de maux & de dangers : mais les Destins ne permettent ni qu'il périsse ni que fa vertu fuccombe dans les plaifirs dont vous flattez les hommes. Confolez-vous donc, ma fille, foyez contente de tenir dans votre empire tant d'autres héros & tant d'immortels.

En difant ces paroles, il fit à Vénus un fouris plein de grace & de majesté. Un éclat de lumiere, femblable aux plus perçants éclairs, fortit de fes yeux. En baifant Vénus avec tendresse, il répandit une odeur d'ambrofie dont l'Olympe fut parfumé. La Déesse ne put s'empêcher d'être sensible à cette caresse du plus grand des Dieux : malgré ses larmes & sa douleur, on vit la joie se répandre sur son visage; elle baissa son voile pour cacher la rougeur de ses joues & l'embarras où elle se trouvoit. Toute l'assemblée des Dieux applaudit aux paroles de Jupiter; & Vénus, sans perdre un moment, alla trouver Neptune pour concerter avec lui les moyens de se venger de Télémaque.

Elle raconta à Neptune ce que Jupiter lui avoit dit. Je savois déjà, répondit Neptune, l'ordre immuable des Destins : mais si nous ne pouvons abîmer Télémaque dans les flots de la mer, du moins n'oublions rien pour le rendre malheureux & pour retarder son retour à Ithaque. Je ne puis consentir à faire périr le vaisseau phénicien dans lequel il est embarqué. J'aime les Phéniciens, c'est mon peuple ; nulle autre nation ne cultive comme eux mon empire. C'est par eux que la mer est devenue le lien de la société de tous les peuples de la terre. Ils m'honorent par de continuels sacrifices sur mes autels; ils sont justes, sages, & laborieux dans le commerce; ils répandent par-tout la commodité & l'abondance. Non, Déesse, je ne puis souffrir qu'un de leurs vaisseaux fasse naufrage; mais je ferai que le pilote perdra sa route, & qu'il s'éloignera d'Ithaque où il veut aller.

Vénus, contente de cette promesse, rit avec malignité, & retourna dans son char volant sur les prés fleuris d'Idalie, où les Graces, les Jeux & les Ris témoignerent leur joie de la revoir, dansant autour d'elle sur les fleurs qui parfument ce charmant séjour.

Neptune envoya aussi-tôt une Divinité trompeuse, semblable aux Songes, excepté que les Songes ne trompent que pendant le sommeil; au lieu que cette Divinité enchante les sens de ceux qui veillent. Ce Dieu malfaisant, environné d'une foule innombrable de Mensonges ailés qui voltigent autour de lui, vint répandre une liqueur subtile & enchantée sur les yeux du pilote Athamas, qui considéroit attentivement la clarté de la lune, le cours des étoiles, & le rivage d'Ithaque, dont il découvroit déjà afsez près de lui les rochers efcarpés.

Dans ce même moment les yeux du pilote ne lui montrerent plus rien de véritable. Un faux ciel & une terre feinte fe préfenterent à lui. Les étoiles parurent comme fi elles avoient changé leur cours, & qu'elles fufsent revenues fur leurs pas. Tout l'Olympe fembloit fe mouvoir par des loix nouvelles; la terre même étoit changée. Une faufse Ithaque fe préfentoit toujours au pilote pour l'amufer, tandis qu'il s'éloignoit de la véritable. Plus il s'avançoit vers cette image trompeufe du rivage de l'isle, plus cette image reculoit; elle fuyoit toujours devant lui, & il ne favoit que croire de cette fuite. Quelquefois il s'imaginoit entendre déjà le bruit qu'on fait dans un port. Déjà il fe préparoit, felon l'ordre qu'il en avoit reçu, à aller aborder fecrètement dans une petite isle qui eft auprès de la grande, pour dérober aux amants de Pénélope conjurés contre Télémaque le retour de ce jeune Prince. Quelquefois il craignoit les écueils dont cette côte de la mer est bordée ; & il lui sembloit entendre l'horrible mugissement des vagues qui vont se briser contre ces écueils : puis tout-à-coup il remarquoit que la terre paroissoit encore éloignée. Les montagnes n'étoient à ses yeux, dans cet éloignement, que comme de petits nuages qui obscurcissent quelquefois l'horizon pendant que le soleil se couche. Ainsi Athamas étoit étonné ; & l'impression de la Divinité trompeuse qui charmoit ses yeux lui faisoit éprouver un certain saisissement qui lui avoit été jusqu'alors inconnu. Il étoit même tenté de croire qu'il ne veilloit pas, & qu'il étoit dans l'illusion d'un songe.

Cependant Neptune commanda au vent d'orient de souffler pour jetter le navire sur les côtes de l'Hespérie. Le vent obéit avec tant de violence, que le navire arriva bientôt sur le rivage que Neptune avoit marqué. Déjà l'aurore annonçoit le jour ; déjà les étoiles, qui craignent les rayons du soleil, & qui en sont jalouses, alloient cacher dans l'océan leurs sombres feux, quand le pilote s'écria : Enfin, je n'en puis plus douter, nous touchons presque à l'isle d'Ithaque ! Télémaque, réjouissez-vous ; dans une heure vous pourrez revoir Pénélope, & peut-être trouver Ulysse remonté sur son trône.

A ce cri, Télémaque, qui étoit immobile dans les bras du sommeil, s'éveille, se leve, monte au gouvernail, embrasse le pilote, & de ses yeux à peine encore ouverts regarde fixement la côte voisine. Il gémit, ne reconnoissant pas les rivages de sa patrie. Hélas ! où sommes-nous ? dit-il : ce n'est point là ma chere Ithaque ! Vous vous êtes trompé, Athamas ; vous connoissez mal cette côte si éloignée de votre pays. Non, non, répondit Athamas, je ne puis me tromper en considérant les bords de cette isle. Combien de fois suis-je entré dans votre port ! j'en connois jusques aux moindres rochers ; le rivage de Tyr n'est guere mieux dans ma mémoire. Reconnoissez cette montagne qui avance; voyez ce rocher qui s'éleve comme une tour; n'entendez-vous -pas la vague qui se rompt contre ces autres rochers qui semblent menacer la mer par leur chûte ? Mais ne remarquez-vous pas ce temple de Minerve qui fend la nue ? Voilà la forteresse & la maison d'Ulysse votre pere.

Vous vous trompez, ô Athamas, répondit Télémaque; je vois au contraire une côte assez relevée, mais unie; j'apperçois une ville qui n'est point Ithaque. O Dieux ! est-ce ainsi que vous vous jouez des hommes !

Pendant qu'il disoit ces paroles, tout-à-coup les yeux d'Athamas furent changés. Le charme se rompit, il vit le rivage tel qu'il étoit véritablement, & reconnut son erreur. Je l'avoue, ô Télémaque ! s'écriat-il : quelque Divinité ennemie avoit enchanté mes yeux; je croyois voir Ithaque, & son image toute entiere se présentoit à moi; mais dans ce moment elle disparoît comme un songe. Je vois une autre ville;

c'est sans doute Salente, qu'Idoménée, fugitif de Crete, vient de fonder dans l'Hespérie : j'apperçois des murs qui s'élevent & qui ne sont pas encore achevés ; je vois un port qui n'est pas encore entièrement fortifié.

Pendant qu'Athamas remarquoit les divers ouvrages nouvellement faits dans cette ville naissante, & que Télémaque déploroit son malheur, le vent que Neptune faisoit souffler les fit entrer à pleines voiles dans une rade où ils se trouverent à l'abri & tout auprès du port.

Mentor, qui n'ignoroit ni la vengeance de Neptune ni le cruel artifice de Vénus, n'avoit fait que sourire de l'erreur d'Athamas. Quand ils furent dans cette rade, Mentor dit à Télémaque : Jupiter vous éprouve ; mais il ne veut pas votre perte : au contraire, il ne vous éprouve que pour vous ouvrir le chemin de la gloire. Souvenez-vous des travaux d'Hercule ; ayez toujours devant vos yeux ceux de votre pere. Quiconque ne sait pas souffrir n'a point un grand cœur. Il faut, par votre patience & par votre courage, laſſer la cruelle fortune qui ſe plaît à vous perſécuter. Je crains moins pour vous les plus affreuſes diſgraces de Neptune, que je ne craignois les careſſes flatteuſes de la Déeſſe qui vous retenoit dans son isle. Que tardons-nous ? entrons dans ce port ; voici un peuple ami ; c'eſt chez des Grecs que nous arrivons : Idoménée, ſi maltraité par la fortune, aura pitié des malheureux. Auſſi-tôt ils entrerent dans le port de Salente, où le vaiſſeau phénicien fut reçu ſans peine, parceque les Phéniciens sont en paix & en commerce avec tous les peuples de l'univers.

Télémaque regardoit avec admiration cette ville naiſſante, ſemblable à une jeune plante qui, ayant été nourrie par la douce roſée de la nuit, ſent dès le matin les rayons du ſoleil qui viennent l'embellir ; elle croît, elle ouvre ſes tendres boutons, elle étend ſes feuilles vertes, elle épanouit ſes fleurs odoriférantes avec mille couleurs nouvelles ; à chaque moment qu'on la voit, on y trouve un nouvel éclat. Ainsi florissoit la nouvelle ville d'Idoménée sur le rivage de la mer ; chaque jour, chaque heure, elle croissoit avec magnificence, & elle montroit de loin aux étrangers qui étoient sur la mer de nouveaux ornements d'architecture qui s'élevoient jusqu'au ciel. Toute la côte retentissoit des cris des ouvriers & des coups de marteaux : les pierres étoient suspendues en l'air par des grues avec des cordes. Tous les chefs animoient le peuple au travail dès que l'aurore paroissoit ; & le Roi Idoménée, donnant par-tout les ordres lui même, faisoit avancer les ouvrages avec une incroyable diligence.

A peine le vaisseau phénicien fut arrivé, que les Crétois donnerent à Télémaque & à Mentor toutes les marques d'une amitié sincere. On se hâta d'avertir Idoménée de l'arrivée du fils d'Ulysse. Le fils d'Ulysse ! s'écria-t-il, d'Ulysse ce cher ami ! de ce sage héros par qui nous avons enfin renversé la ville de Troie ! qu'on l'amene ici, & que je lui montre combien j'ai aimé son pere !

LIVRE IX.

Aussi-tôt on lui présente Télémaque, qui lui demande l'hospitalité en lui disant son nom.

Idoménée lui répondit avec un visage doux & riant : Quand même on ne m'auroit pas dit qui vous êtes, je crois que je vous aurois reconnu. Voilà Ulysse lui-même ; voilà ses yeux pleins de feu, & dont le regard étoit si ferme ; voilà son air, d'abord froid & réservé, qui cachoit tant de vivacité & de graces : je reconnois même ce sourire fin, cette action négligée, cette parole douce, simple & insinuante, qui persuadoit avant qu'on eût le temps de s'en défier. Oui, vous êtes le fils d'Ulysse ; mais vous serez aussi le mien. O mon fils, mon cher fils ! quelle aventure vous amene sur ce rivage ? est-ce pour chercher votre pere ? hélas ! je n'en ai aucune nouvelle : la fortune nous a persécutés lui & moi : il a eu le malheur de ne pouvoir retrouver sa patrie, & j'ai eu celui de retrouver la mienne pleine de la colere des Dieux contre moi.

Pendant qu'Idoménée disoit ces paroles,

il regardoit fixement Mentor, comme un homme dont le visage ne lui étoit pas inconnu, mais dont il ne pouvoit retrouver le nom.

Cependant Télémaque lui répondit les larmes aux yeux : O Roi ! pardonnez-moi la douleur que je ne saurois vous cacher dans un temps où je ne devrois vous marquer que de la joie & de la reconnoissance pour vos bontés. Par le regret que vous témoignez de la perte d'Ulysse, vous m'apprenez vous-même à sentir le malheur de ne pouvoir trouver mon pere. Il y a déjà long-temps que je le cherche dans toutes les mers. Les Dieux irrités ne me permettent pas de le revoir, ni de savoir s'il a fait naufrage, ni de pouvoir retourner à Ithaque, où Pénélope languit dans le desir d'être délivrée de ses amants. J'avois cru vous trouver dans l'isle de Crete ; j'y ai su votre cruelle destinée, & je ne croyois pas devoir jamais approcher de l'Hespérie où vous avez fondé un nouveau royaume. Mais la fortune, qui se joue des hommes, & qui me tient errant dans tous les pays loin d'Ithaque, m'a enfin jetté fur vos côtes. Parmi tous les maux qu'elle m'a faits, c'eft celui que je fupporte le plus volontiers. Si elle m'éloigne de ma patrie, du moins elle me fait connoître le plus généreux de tous les Rois.

A ces mots, Idoménée embrafsa tendrement Télémaque, &, le menant dans son palais, il lui dit: Quel eft donc ce prudent vieillard qui vous accompagne ? il me femble que je l'ai fouvent vu autrefois. C'eft Mentor, répliqua Télémaque, Mentor, ami d'Ulyfse, à qui il a confié mon enfance. Qui pourroit vous dire tout ce que je lui dois !

Auffi-tôt Idoménée s'avance, tend la main à Mentor: Nous nous fommes vus, dit-il, autrefois. Vous fouvenez vous du voyage que vous fîtes en Crete, & des bons confeils que vous me donnâtes ? mais alors l'ardeur de la jeunefse & le goût des vains plaifirs m'entraînoient. Il a fallu que mes malheurs m'aient inftruit, pour m'apprendre ce que je ne voulois pas croire. Plût aux Dieux que je vous eusse cru, ô sage vieillard ! Mais je remarque avec étonnement que vous n'êtes presque point changé depuis tant d'années ; c'est la même fraîcheur de visage, la même taille droite, la même vigueur : vos cheveux seulement ont un peu blanchi.

Grand Roi, répondit Mentor, si j'étois flatteur, je vous dirois, de même, que vous avez conservé cette fleur de jeunesse qui éclatoit sur votre visage avant le siege de Troie : mais j'aimerois mieux vous déplaire que de blesser la vérité. D'ailleurs je vois, par votre sage discours, que vous n'aimez pas la flatterie, & qu'on ne hasarde rien en vous parlant avec sincérité. Vous êtes bien changé ; & j'aurois eu de la peine à vous reconnoître. J'en conçois clairement la cause ; c'est que vous avez beaucoup souffert dans vos malheurs : mais vous avez bien gagné en souffrant, puisque vous avez acquis la sagesse. On doit se consoler aisément des rides qui viennent sur le visage pendant que le cœur s'exerce & se fortifie dans la vertu. Au reste, sachez que les Rois s'usent toujours plus que les autres hommes. Dans l'adversité, les peines de l'esprit & les travaux du corps les font vieillir avant le temps. Dans la prospérité, les délices d'une vie molle les usent bien plus encore que tous les travaux de la guerre. Rien n'est si malsain que les plaisirs où l'on ne peut se modérer. De là vient que les Rois, & en paix & en guerre, ont toujours des peines & des plaisirs qui font venir la vieillesse avant l'âge où elle doit venir naturellement. Une vie sobre, modérée, simple, exempte d'inquiétudes & de passions, réglée & laborieuse, retient dans les membres d'un homme sage la vive jeunesse, qui, sans ces précautions, est toujours prête à s'envoler sur les ailes du temps.

Idoménée, charmé du discours de Mentor, l'eût écouté long-temps, si on ne fût venu l'avertir pour un sacrifice qu'il devoit faire à Jupiter. Télémaque & Mentor le suivirent, environnés d'une grande foule de peuple qui confidéroit avec empreſſement & curioſité ces deux étrangers. Les Salentins ſe diſoient les uns aux autres : Ces deux hommes ſont bien différents ! Le jeune a je ne sais quoi de vif & d'aimable ; toutes les graces de la beauté & de la jeuneſſe ſont répandues ſur ſon viſage & ſur ſon corps : mais cette beauté n'a rien de mou ni d'efféminé ; avec cette fleur ſi tendre de la jeuneſſe, il paroît vigoureux, robuſte, endurci au travail. Cet autre, quoique bien plus âgé, n'a encore rien perdu de ſa force : ſa mine paroît d'abord moins haute, & ſon viſage moins gracieux ; mais quand on le regarde de près, on trouve dans ſa ſimplicité des marques de ſageſſe & de vertu, avec une nobleſſe qui étonne. Quand les Dieux ſont deſcendus ſur la terre pour ſe communiquer aux mortels, ſans doute qu'ils ont pris de telles figures d'étrangers & de voyageurs.

Cependant on arrive dans le temple de Jupiter, qu'Idoménée, du ſang de ce Dieu, avoit orné avec beaucoup de magnificence.

Il étoit environné d'un double rang de colonnes de marbre jaspé. Les chapiteaux étoient d'argent : le temple étoit tout incrusté de marbre avec des bas-reliefs qui représentoient Jupiter changé en taureau, le ravissement d'Europe, & son passage en Crete au travers des flots : ils sembloient respecter Jupiter, quoiqu'il fût sous une forme étrangere. On voyoit ensuite la naissance & la jeunesse de Minos ; enfin, ce sage Roi donnant, dans un âge plus avancé, des loix à toute son isle pour la rendre à jamais florissante. Télémaque y remarqua aussi les principales aventures du siege de Troie, où Idoménée avoit acquis la gloire d'un grand Capitaine. Parmi ces représentations de combats, il chercha son pere ; il le reconnut prenant les chevaux de Rhésus que Diomede venoit de tuer ; ensuite disputant avec Ajax les armes d'Achille devant tous les chefs de l'armée grecque assemblés ; enfin, sortant du cheval fatal pour verser le sang de tant de Troyens.

Télémaque le reconnut d'abord à ces

fameuses actions, dont il avoit souvent ouï parler, & que Nestor même lui avoit racontées. Les larmes coulerent de ses yeux ; il changea de couleur ; son visage parut troublé. Idoménée l'apperçut, quoique Télémaque se détournât pour cacher son trouble. N'ayez point de honte, lui dit Idoménée, de nous laisser voir combien vous êtes touché de la gloire & des malheurs de votre pere.

Cependant le peuple s'assembloit en foule sous les vastes portiques formés par le double rang de colonnes qui environnoient le temple. Il y avoit deux troupes de jeunes garçons & de jeunes filles qui chantoient des vers à la louange du Dieu qui tient dans ses mains la foudre. Ces enfants, choisis de la figure la plus agréable, avoient de longs cheveux flottant sur leurs épaules. Leurs têtes étoient couronnées de roses & parfumées : ils étoient tous vêtus de blanc. Idoménée faisoit à Jupiter un sacrifice de cent taureaux pour se le rendre favorable dans une guerre qu'il avoit entreprise contre ses voisins. Le sang des victimes fumoit de tous côtés : on le voyoit ruisseler dans les profondes coupes d'or & d'argent.

Le vieillard Théophane, ami des Dieux & Prêtre du temple, tenoit pendant le sacrifice sa tête couverte d'un bout de sa robe de pourpre : ensuite il consulta les entrailles des victimes qui palpitoient encore ; puis s'étant mis sur le trépied sacré : O Dieux ! s'écria-t-il, quels sont donc ces deux étrangers que le Ciel envoie en ces lieux ? sans eux la guerre entreprise nous seroit funeste, & Salente tomberoit en ruine avant que d'achever d'être élevée sur ses fondements. Je vois un jeune héros que la Sagesse mene par la main ; il n'est pas permis à une bouche mortelle d'en dire davantage.

En disant ces paroles, son regard étoit farouche & ses yeux étincelants ; il sembloit voir d'autres objets que ceux qui paroissoient devant lui ; son visage étoit enflammé ; il étoit troublé & hors de lui-même ; ses cheveux étoient hérissés, sa bouche écumante, ses bras levés & immobiles. Sa voix émue étoit plus forte qu'aucune voix humaine ; il étoit hors d'haleine, & ne pouvoit tenir renfermé au-dedans de lui l'esprit divin qui l'agitoit.

O heureux Idoménée ! s'écria-t-il encore, que vois-je ! quels malheurs évités ! quelle douce paix au-dedans ! mais au-dehors quels combats ! quelles victoires ! O Télémaque ! tes travaux surpassent ceux de ton pere ; le fier ennemi gémit dans la poussiere sous ton glaive ; les portes d'airain, les inaccessibles remparts tombent à tes pieds. O grande Déesse ! que son pere.... O jeune homme ! tu reverras enfin.... A ces mots la parole meurt dans sa bouche, & il demeure, comme malgré lui, dans un silence plein d'étonnement.

Tout le peuple est glacé de crainte. Idoménée, tremblant, n'ose lui demander qu'il acheve. Télémaque même, surpris, comprend à peine ce qu'il vient d'entendre ; à peine peut-il croire qu'il ait entendu ces hautes prédictions. Mentor est le seul que l'esprit divin n'a point étonné. Vous entendez, dit-il à Idoménée, le dessein des Dieux. Contre quelque nation que vous ayez à combattre, la victoire sera dans vos mains, & vous devrez au jeune fils de votre ami le bonheur de vos armes. N'en soyez point jaloux ; profitez seulement de ce que les Dieux vous donnent par lui.

Idoménée, n'étant pas encore revenu de son étonnement, cherchoit en vain des paroles ; sa langue demeuroit immobile. Télémaque, plus prompt, dit à Mentor : Tant de gloire promise ne me touche point ; mais que peuvent donc signifier ces dernieres paroles, Tu reverras ? est-ce mon pere, ou seulement Ithaque ? Hélas ! que n'a-t-il achevé ! il m'a laissé plus en doute que je n'étois. O Ulysse ! ô mon pere ! seroit-ce vous, vous-même, que je dois revoir ? seroit-il vrai ? Mais je me flatte : cruel Oracle ! tu prends plaisir à te jouer d'un malheureux ; encore une parole, j'étois au comble du bonheur.

Mentor lui dit : Respectez ce que les Dieux découvrent, & n'entreprenez pas de découvrir ce qu'ils veulent cacher. Une curiofité téméraire mérite d'être confondue. C'eft par une fageſse pleine de bonté que les Dieux cachent aux foibles hommes leurs deſtinées dans une nuit impénétrable. Il eſt utile de prévoir ce qui dépend de nous pour le bien faire : mais il n'eſt pas moins utile d'ignorer ce qui ne dépend pas de nos soins, & ce que les Dieux veulent faire de nous.

Télémaque, touché de ces paroles, ſe retint avec beaucoup de peine.

Idoménée, qui étoit revenu de son étonnement, commença de son côté à louer le grand Jupiter, qui lui avoit envoyé le jeune Télémaque & le ſage Mentor pour le rendre victorieux de ſes ennemis. Après qu'on eut fait un magnifique repas qui ſuivit le ſacrifice, il parla ainſi aux deux étrangers :

J'avoue que je ne connoiſsois point encore aſsez l'art de régner quand je revins en Crete après le ſiege de Troie. Vous ſavez, chers amis, les malheurs qui m'ont privé de régner dans cette grande isle, puiſque vous m'aſsurez que vous y avez été depuis que j'en suis parti. Encore trop heureux si les coups les plus cruels de la fortune ont servi à m'instruire & à me rendre plus modéré ! Je traversai les mers comme un fugitif que la vengeance des Dieux & des hommes poursuit : toute ma grandeur passée ne servoit qu'à me rendre ma chûte plus honteuse & plus insupportable. Je vins réfugier mes Dieux Pénates sur cette côte déserte, où je ne trouvai que des terres incultes couvertes de ronces & d'épines, des forêts aussi anciennes que la terre, des rochers presque inaccessibles où se retiroient les bêtes farouches. Je fus réduit à me réjouir de posséder, avec un petit nombre de soldats & de compagnons qui avoient bien voulu me suivre dans mes malheurs, cette terre sauvage, & d'en faire ma patrie, ne pouvant plus espérer de revoir jamais cette isle fortunée où les Dieux m'avoient fait naître pour y régner. Hélas ! disois-je en moi-même, quel changement ! Quel exemple terrible ne suis-je point pour les Rois ! Il faudroit me montrer à tous ceux qui regnent dans le monde, pour les inſtruire par mon exemple. Ils s'imaginent n'avoir rien à craindre à cauſe de leur élévation au-deſſus du reſte des hommes, & c'eſt leur élévation même qui fait qu'ils ont tout à craindre. J'étois craint de mes ennemis, & aimé de mes ſujets. Je commandois à une nation puiſſante & belliqueuſe : la Renommée avoit porté mon nom dans les pays les plus éloignés. Je régnois dans une isle fertile & délicieuſe : cent villes me donnoient chaque année un tribut de leurs richeſſes ; ces peuples me reconnoiſſoient pour être du ſang de Jupiter né dans leur pays. Ils m'aimoient comme le petit-fils du ſage Minos, dont les loix les rendent ſi puiſſants & ſi heureux. Que manquoit-il à mon bonheur, ſinon d'en ſavoir jouir avec modération ? Mais mon orgueil & la flatterie que j'ai écoutée ont renverſé mon trône. Ainſi tomberont tous les Rois qui ſe livreront à leurs deſirs & aux conſeils des eſprits flatteurs.

Pendant le jour je tâchois de montrer

un visage gai & plein d'espérance, pour soutenir le courage de ceux qui m'avoient suivi. Faisons, leur disois-je, une nouvelle ville qui nous console de tout ce que nous avons perdu. Nous sommes environnés de peuples qui nous ont donné un bel exemple pour cette entreprise. Nous voyons Tarente qui s'éleve asfez près de nous. C'est Phalante, avec ses Lacédémoniens, qui a fondé ce nouveau royaume. Philoctete donne le nom de Pétilie à une grande ville qu'il bâtit sur la même côte. Métaponte est encore une semblable colonie. Ferons-nous moins que tous ces étrangers errants comme nous? La fortune ne nous est pas plus rigoureuse.

Tandis que je tâchois d'adoucir par ces paroles les peines de mes compagnons, je cachois au fond de mon cœur une douleur mortelle. C'étoit une consolation pour moi que la lumiere du jour me quittât, & que la nuit vînt m'envelopper de ses ombres pour déplorer en liberté ma misérable destinée. Deux torrents de larmes ameres couloient de mes yeux, & le doux sommeil leur étoit inconnu. Le lendemain je recommençois mes travaux avec une nouvelle ardeur. Voilà, Mentor, ce qui fait que vous m'avez trouvé si vieilli.

Après qu'Idoménée eut achevé de raconter ses peines, il demanda à Télémaque & à Mentor leur secours dans la guerre où il se trouvoit engagé. Je vous renverrai, leur disoit-il, à Ithaque dès que la guerre sera finie. Cependant je ferai partir des vaisseaux vers toutes les côtes les plus éloignées pour apprendre des nouvelles d'Ulysse. En quelque endroit des terres connues que la tempête ou la colere de quelque Divinité l'ait jetté, je saurai bien l'en retirer. Plaise aux Dieux qu'il soit encore vivant! Pour vous, je vous renverrai avec les meilleurs vaisseaux qui aient jamais été construits dans l'isle de Crete; ils sont faits du bois coupé sur le véritable mont Ida, où Jupiter naquit. Ce bois sacré ne sauroit périr dans les flots : les vents & les rochers le craignent & le respectent. Neptune même, dans son plus grand courroux, n'oseroit soulever ses vagues contre lui. Assurez-vous donc que vous retournerez heureusement en Ithaque sans peine, & qu'aucune Divinité ennemie ne pourra plus vous faire errer sur tant de mers : le trajet est court & facile. Renvoyez le vaisseau phénicien qui vous a portés jusqu'ici, & ne songez qu'à acquérir la gloire d'établir le nouveau royaume d'Idoménée pour réparer tous ses malheurs. C'est à ce prix, ô fils d'Ulysse, que vous serez jugé digne de votre pere. Quand même les destinées rigoureuses l'auroient déjà fait descendre dans le sombre royaume de Pluton, toute la Grece, charmée, croira le revoir en vous.

A ces mots, Télémaque interrompit Idoménée : Renvoyons, dit-il, le vaisseau phénicien. Que tardons-nous à prendre les armes pour attaquer vos ennemis? ils sont devenus les nôtres. Si nous avons été victorieux en combattant dans la Sicile pour Aceste, Troyen & ennemi de la Grece, ne serons-nous pas encore plus ardents & plus favorisés des Dieux, quand nous combattrons pour un des héros grecs qui ont renversé la ville de Priam ? L'oracle que nous venons d'entendre ne nous permet pas d'en douter.

Fin du neuvieme Livre.

SOMMAIRE

DU LIVRE DIXIEME.

Idoménée infórme Mentor du fujet de la guerre contre les Manduriens. Il lui raconte que ces peuples lui avoient cédé d'abord la côte de l'Hefpérie où il a fondé fa ville; qu'ils s'étoient retirés fur les montagnes voifines, où quelques-uns des leurs ayant été maltraités par une troupe de fes gens, cette nation lui avoit député deux veillards, avec lefquels il avoit réglé des articles de paix; qu'après une infraction de ce traité, faite par ceux des fiens qui l'ignoroient, ces peuples fe préparoient à lui faire la guerre. Pendant ce récit d'Idoménée, les Manduriens, qui s'étoient hâtés de prendre les armes, fe préfenterent aux portes de Salente. Neftor, Philoctete & Phalante, qu'Idoménée croyoit neutres, sont contre lui dans l'armée des Manduriens. Mentor sort de Salente, & va feul propofer aux ennemis des conditions de paix.

LIVRE DIXIEME.

Mentor, regardant d'un air doux & tranquille Télémaque, qui étoit déjà plein d'une noble ardeur pour les combats, prit ainsi la parole: Je suis bien aise, fils d'Ulysse, de voir en vous une si belle passion pour la gloire: mais souvenez-vous que votre pere n'en a acquis une si grande parmi les Grecs, au siege de Troie, qu'en se montrant le plus sage & le plus modéré d'entre eux. Achille, quoiqu'invincible & invulnérable, quoique sûr de porter la terreur & la mort par-tout où il combattoit, n'a pu prendre la ville de Troie: il est tombé lui-même aux pieds des murs de cette ville; & elle a triomphé du vainqueur d'Hector. Mais Ulysse, en qui la prudence conduisoit la valeur, a porté la flamme & le fer au milieu des Troyens; & c'est à ses mains qu'on doit la chûte de ces hautes & superbes tours qui menacerent pendant dix ans toute la

Grece conjurée. Autant que Minerve est audessus de Mars, autant une valeur discrete & prévoyante surpasse-t-elle un courage bouillant & farouche. Commençons donc par nous instruire des circonstances de cette guerre qu'il faut soutenir. Je ne refuse aucun péril : mais je crois, ô Idoménée, que vous devez nous expliquer premièrement si votre guerre est juste; ensuite, contre qui vous la faites; & enfin, quelles sont vos forces pour en espérer un heureux succès.

Idoménée lui répondit : Quand nous arrivâmes sur cette côte, nous y trouvâmes un peuple sauvage qui erroit dans les forêts, vivant de sa chasse & des fruits que les arbres portent d'eux-mêmes. Ces peuples, qu'on nomme les Manduriens, furent épouvantés, voyant nos vaisseaux & nos armes. Ils se retirerent dans les montagnes : mais comme nos soldats furent curieux de voir le pays, & voulurent poursuivre des cerfs, ils rencontrerent ces Sauvages fugitifs. Alors les chefs de ces Sauvages leur dirent: Nous avons abandonné les doux rivages de la mer pour vous les céder; il ne nous reste que des montagnes presque inaccessibles : du moins est-il juste que vous nous y laissiez en paix & en liberté. Nous vous trouvons errants, dispersés & plus foibles que nous ; il ne tiendroit qu'à nous de vous égorger, & d'ôter même à vos compagnons la connoissance de votre malheur : mais nous ne voulons point tremper nos mains dans le sang de ceux qui sont hommes aussi-bien que nous. Allez, souvenez-vous que vous devez la vie à nos sentiments d'humanité. N'oubliez jamais que c'est d'un peuple que vous nommez grossier & sauvage, que vous recevez cette leçon de modération & de générosité.

Ceux d'entre les nôtres qui furent ainsi renvoyés par ces Barbares revinrent dans le camp, & racontèrent ce qui leur étoit arrivé. Nos soldats en furent émus; ils eurent honte de voir que des Crétois dussent la vie à cette troupe d'hommes fugitifs qui leur paroissoient ressembler plutôt à des ours qu'à des hommes: ils s'en allerent à la chasse en plus grand nombre que les premiers, & avec toutes sortes d'armes. Bientôt ils rencontrerent les Sauvages, & les attaquerent. Le combat fut cruel. Les traits voloient de part & d'autre comme la grêle tombe dans une campagne pendant un orage. Les Sauvages furent contraints de se retirer dans leurs montagnes escarpées, où les nôtres n'oserent s'engager.

Peu de temps après, ces peuples envoyerent vers moi deux de leurs plus sages vieillards, qui venoient me demander la paix. Ils m'apporterent des présents: c'étoient deux peaux des bêtes farouches qu'ils avoient tuées, & des fruits du pays. Après m'avoir donné leurs présents, ils parlerent ainsi:

O Roi! nous tenons, comme tu vois, dans une main l'épée, & dans l'autre une branche d'olivier. (En effet, ils tenoient l'une & l'autre dans leurs mains.) Voilà la paix & la guerre; choisis. Nous aimerions mieux la paix; c'est pour l'amour d'elle que nous n'avons point eu honte de te céder le doux rivage de la mer, où le soleil rend la terre fertile, & produit tant de fruits délicieux. La paix est plus douce que tous ces fruits : c'est pour elle que nous nous sommes retirés dans ces hautes montagnes toujours couvertes de glace & de neige, où l'on ne voit jamais ni les fleurs du printemps ni les riches fruits de l'automne. Nous avons horreur de cette brutalité qui, sous de beaux noms d'ambition & de gloire, va follement ravager les provinces, & répand le sang des hommes, qui sont tous freres. Si cette fausse gloire te touche, nous n'avons garde de te l'envier; nous te plaignons, & nous prions les Dieux de nous préserver d'une fureur semblable. Si les sciences que les Grecs apprennent avec tant de soin, & si la politesse dont ils se piquent ne leur inspirent que cette détestable injustice, nous nous croyons trop heureux de n'avoir point ces avantages. Nous nous ferons gloire d'être toujours ignorants & barbares; mais justes, humains, fideles, désintéreſsés, accoutumés à nous contenter de peu, & à méprifer la vaine délicateſse qui fait qu'on a beſoin d'avoir beaucoup. Ce que nous eſtimons, c'eſt la ſanté, la frugalité, la liberté, la vigueur de corps & d'eſprit; c'eſt l'amour de la vertu, la crainte des Dieux, le bon naturel pour nos proches, l'attachement à nos amis, la fidélité pour tout le monde, la modération dans la proſpérité, la fermeté dans les malheurs, le courage pour dire toujours hardiment la vérité, l'horreur de la flatterie. Voilà quels sont les peuples que nous t'offrons pour voiſins & pour alliés. Si les Dieux irrités t'aveuglent juſqu'à te faire refuſer la paix, tu apprendras, mais trop tard, que les gens qui aiment par modération la paix sont les plus redoutables dans la guerre.

Pendant que ces vieillards me parloient ainſi, je ne pouvois me laſser de les regarder. Ils avoient la barbe longue & négligée, les cheveux plus courts, mais blancs; les ſourcils épais, les yeux vifs, un regard & une contenance ferme, une parole grave

& pleine d'autorité, des manieres simples & ingénues. Les fourrures qui leur servoient d'habit étoient nouées sur l'épaule, & laissoient voir des bras plus nerveux & mieux nourris que ceux de nos athletes. Je répondis à ces deux Envoyés que je desirois la paix. Nous réglâmes ensemble de bonne foi plusieurs conditions ; nous en prîmes tous les Dieux à témoin, & je renvoyai ces hommes chez eux avec des présents.

Mais les Dieux, qui m'avoient chassé du royaume de mes ancêtres, n'étoient pas encore lassés de me persécuter. Nos chasseurs, qui ne pouvoient pas être si-tôt avertis de la paix que nous venions de faire, rencontrerent le même jour une grande troupe de ces Barbares qui accompagnoient leurs Envoyés lorsqu'ils revenoient de notre camp : ils les attaquerent avec fureur, en tuerent une partie, & poursuivirent le reste dans les bois. Voilà la guerre rallumée. Ces Barbares croient qu'ils ne peuvent plus se fier ni à nos promesses ni à nos sermens.

Pour être plus puifsants contre nous, ils appellent à leur fecours les Locriens, les Apuliens, les Lucaniens, les Brutiens, les peuples de Crotone, de Nérite, de Mefsapie & de Brindes. Les Lucaniens viennent avec des chariots armés de faux tranchantes. Parmi les Apuliens, chacun eft couvert de quelque peau de bête farouche qu'il a tuée; ils portent des mafsues pleines de gros nœuds, & garnies de pointes de fer; ils sont prefque de la taille des géants, & leurs corps fe rendent fi robuftes par les exercices pénibles auxquels ils s'adonnent, que leur feule vue épouvante. Les Locriens, venus de la Grece, fentent encore leur origine, & sont plus humains que les autres: mais ils ont joint à l'exacte difcipline des troupes grecques, la vigueur des Barbares, & l'habitude de mener une vie dure; ce qui les rend invincibles. Ils portent des boucliers légers qui sont faits d'un tifsu d'ofier, & couverts de peaux; leurs épées sont longues. Les Brutiens sont légers à la courfe comme les cerfs & comme les daims. On croiroit que l'herbe même la plus tendre n'est point foulée sous leurs pieds ; à peine laissent-ils dans le sable quelques traces de leurs pas. On les voit tout-à-coup fondre sur leurs ennemis, & puis disparoître avec une égale rapidité. Les peuples de Crotone sont adroits à tirer des fleches. Un homme ordinaire parmi les Grecs ne pourroit bander un arc tel qu'on en voit communément chez les Crotoniates ; & si jamais ils s'appliquent à nos jeux, ils y remporteront le prix. Leurs fleches sont trempées dans le suc de certaines herbes venimeuses qui viennent, dit-on, des bords de l'Averne, & dont le poison est mortel. Pour ceux de Nérite, de Messapie & de Brindes, ils n'ont en partage que la force du corps & une valeur sans art. Les cris qu'ils poussent jusqu'au ciel, à la vue de leurs ennemis, sont affreux. Ils se servent assez bien de la fronde, & ils obscurcissent l'air par une grêle de pierres lancées ; mais ils combattent sans ordre.

Voilà, Mentor, ce que vous desiriez de

savoir : vous connoifsez maintenant l'origine de cette guerre, & quels sont nos ennemis.

Après cet éclaircifsement, Télémaque, impatient de combattre, croyoit n'avoir plus qu'à prendre les armes. Mentor le retint encore, & parla ainfi à Idoménée :

D'où vient donc que les Locriens mêmes, peuples fortis de la Grece, s'unifsent aux Barbares contre les Grecs? D'où vient que tant de Colonies grecques fleurifsent fur cette côte de la mer, fans avoir les mêmes guerres à foutenir que vous ? O Idoménée! vous dites que les Dieux ne sont pas encore las de vous persécuter; & moi je dis qu'ils n'ont pas encore achevé de vous inftruire. Tant de malheurs que vous avez foufferts ne vous ont point encore appris ce qu'il faut faire pour éviter la guerre. Ce que vous racontez vous-même de la bonne foi de ces Barbares fuffit pour montrer que vous auriez pu vivre en paix avec eux : mais la hauteur & la fierté attirent les guerres les plus dangereufes. Vous auriez pu leur donner des ôtages & en prendre d'eux. Il eût été facile d'envoyer avec leurs Ambassadeurs quelques uns de vos Chefs pour les reconduire avec sûreté. Depuis cette guerre renouvellée, vous auriez dû encore les appaiser, en leur représentant qu'on les avoit attaqués faute de savoir l'alliance qui venoit d'être jurée. Il falloit leur offrir toutes les sûretés qu'ils auroient demandées, & établir des peines rigoureuses contre ceux de vos sujets qui auroient manqué à l'alliance. Mais qu'est-il arrivé depuis ce commencement de guerre?

Je crus, répondit Idoménée, que nous n'aurions pu, sans bassesse, rechercher ces Barbares, qui assemblerent à la hâte tous leurs hommes en âge de combattre, & qui implorerent le secours de tous les peuples voisins, auxquels ils nous rendirent suspects & odieux. Il me parut que le parti le plus assuré étoit de s'emparer promptement de certains passages dans les montagnes, qui étoient mal gardés. Nous les prîmes sans peine, & par là nous nous sommes mis en état de désoler ces Barbares. J'y ai fait élever des tours, d'où nos troupes peuvent accabler de traits tous les ennemis qui viendroient des montagnes dans notre pays. Nous pouvons entrer dans le leur, & ravager, quand il nous plaira, leurs principales habitations. Par ce moyen, nous sommes en état de résister, avec des forces inégales, à cette multitude innombrable d'ennemis qui nous environnent. Au reste, la paix entre eux & nous est devenue très difficile. Nous ne saurions leur abandonner ces tours sans nous exposer à leurs incursions, & ils les regardent comme des citadelles dont nous voulons nous servir pour les réduire en servitude.

Mentor répondit ainsi à Idoménée : Vous êtes un sage Roi, & vous voulez qu'on vous découvre la vérité sans aucun adoucissement. Vous n'êtes point comme ces hommes foibles qui craignent de la voir, & qui, manquant de courage pour se corriger, n'emploient leur autorité qu'à soûtenir les fautes qu'ils ont faites. Sachez donc que ce peuple barbare vous a donné une merveilleuse leçon quand il est venu vous demander la paix. Etoit-ce par foiblesse qu'il la demandoit ? manquoit-il de courage ou de ressources contre vous ? Vous voyez bien que non, puisqu'il est si aguerri, & soutenu par tant de voisins redoutables. Que n'imitiez-vous sa modération ? Mais une mauvaise honte & une fausse gloire vous ont jetté dans ce malheur. Vous avez craint de rendre l'ennemi trop fier, & vous n'avez pas craint de le rendre trop puissant en réunissant tant de peuples contre vous par une conduite hautaine & injuste. A quoi servent ces tours que vous vantez tant, sinon à mettre tous vos voisins dans la nécessité de périr ou de vous faire périr vous-même pour se préserver d'une servitude prochaine ? Vous n'avez élevé ces tours que pour votre sûreté ; & c'est par ces tours que vous êtes dans un si grand péril.

Le rempart le plus sûr d'un Etat est la justice, la modération, la bonne foi, & l'assurance où sont vos voisins que vous êtes incapable d'usurper leurs terres. Les plus fortes murailles peuvent tomber par divers accidents imprévus ; la fortune est capricieuse & inconstante dans la guerre : mais l'amour & la confiance de vos voisins, quand ils ont senti votre modération, font que votre Etat ne peut être vaincu, & n'est presque jamais attaqué ; quand même un voisin injuste l'attaqueroit, tous les autres, intéressés à sa conservation, prennent aussitôt les armes pour le défendre. Cet appui de tant de peuples, qui trouvent leurs véritables intérêts à soutenir les vôtres, vous auroit rendu bien plus puissant que ces tours qui rendent vos maux irrémédiables. Si vous aviez songé d'abord à éviter la jalousie de tous vos voisins, votre ville naissante fleuriroit dans une heureuse paix, & vous seriez l'arbitre de toutes les nations de l'Hespérie.

Retranchons-nous maintenant à examiner comment on peut réparer le passé par l'avenir.

Vous avez commencé à me dire qu'il y

a sur cette côte diverses colonies grecques. Ces peuples doivent être disposés à vous secourir. Ils n'ont oublié ni le grand nom de Minos, fils de Jupiter, ni vos travaux au siege de Troie, où vous vous êtes signalé tant de fois entre les Princes grecs pour la querelle commune de toute la Grece. Pourquoi ne songez-vous pas à mettre ces colonies dans votre parti ?

Elles sont toutes, répondit Idoménée, résolues à demeurer neutres. Ce n'est pas qu'elles n'eussent quelque inclination à me secourir; mais le trop grand éclat que cette ville a eu dès sa naissance les a épouvantées. Ces Grecs, aussi-bien que les autres peuples, ont craint que nous n'eussions des desseins sur leur liberté. Ils ont pensé qu'après avoir subjugué les Barbares des montagnes nous pousserions plus loin notre ambition. En un mot tout est contre nous. Ceux même qui ne nous font pas une guerre ouverte desirent notre abaissement, & la jalousie ne nous laisse aucun allié.

Etrange extrémité ! reprit Mentor : pour

vouloir paroître trop puissant, vous ruinez votre puissance; &, pendant que vous êtes au-dehors l'objet de la crainte & de la haine de vos voisins, vous vous épuisez au-dedans par les efforts nécessaires pour soutenir une telle guerre. O malheureux, & doublement malheureux Idoménée, que le malheur même n'a pu instruire qu'à demi ! aurez-vous encore besoin d'une seconde chûte pour apprendre à prévoir les maux qui menacent les plus grands Rois ? Laissez-moi faire, & racontez-moi seulement en détail quelles sont donc ces villes grecques qui refusent votre alliance.

La principale, lui répondit Idoménée, est la ville de Tarente; Phalante l'a fondée depuis trois ans. Il ramassa en Laconie un grand nombre de jeunes hommes nés des femmes qui avoient oublié leurs maris absens pendant la guerre de Troie. Quand les maris revinrent, ces femmes ne songerent qu'à les appaiser, & qu'à désavouer leurs fautes. Cette nombreuse jeunesse, qui étoit née hors du mariage, ne connoissant plus ni pere ni mere, vécut avec une licence sans bornes. La sévérité des loix réprima leurs désordres. Ils se réunirent sous Phalante, chef hardi, intrépide, ambitieux, & qui sait gagner les cœurs par ses artifices. Il est venu sur ce rivage avec ces jeunes Laconiens : ils ont fait de Tarente une seconde Lacédémone. D'un autre côté, Philoctete, qui a eu une si grande gloire au siege de Troie, en y portant les fleches d'Hercule, a élevé dans ce voisinage les murs de Pétilie, moins puissante à la vérité, mais plus sagement gouvernée que Tarente. Enfin, nous avons ici près la ville de Métaponte, que le sage Nestor a fondée avec ses Pyliens.

Quoi! reprit Mentor, vous avez Nestor dans l'Hespérie, & vous n'avez pas su l'engager dans vos intérêts ! Nestor qui vous a vu tant de fois combattre contre les Troyens & dont vous aviez l'amitié! Je l'ai perdue, répliqua Idoménée, par l'artifice de ces peuples qui n'ont rien de barbare que le nom; ils ont eu l'adresse de lui persuader que je voulois me rendre le tyran de l'Hespérie. Nous le détromperons, dit Mentor. Télémaque le vit à Pylos avant qu'il fût venu fonder sa colonie, & avant que nous eussions entrepris nos grands voyages pour chercher Ulysse : il n'aura pas encore oublié ce héros, ni les marques de tendresse qu'il donna à son fils Télémaque. Mais le principal est de guérir sa défiance : c'est par les ombrages donnés à tous vos voisins que cette guerre s'est allumée ; & c'est en dissipant ces vains ombrages que cette guerre peut s'éteindre. Encore un coup laissez-moi faire.

A ces mots, Idoménée, embrassant Mentor, s'attendrissoit & ne pouvoit parler. Enfin, il prononça à peine ces paroles : O sage vieillard envoyé par les Dieux pour réparer toutes mes fautes ! j'avoue que je me serois irrité contre tout autre qui m'auroit parlé aussi librement que vous : j'avoue qu'il n'y a que vous seul qui puissiez m'obliger à rechercher la paix. J'avois résolu de périr, ou de vaincre tous mes ennemis ;

mais il est juste de croire vos sages conseils plutôt que ma passion. O heureux Télémaque, qui ne pourrez jamais vous égarer comme moi, puisque vous avez un tel guide! Mentor, vous êtes le maître, toute la sagesse des Dieux est en vous. Minerve même ne pourroit donner de plus salutaires conseils. Allez, promettez, concluez, donnez tout ce qui est à moi, Idoménée approuvera tout ce que vous jugerez à propos de faire.

Pendant qu'ils raisonnoient ainsi, on entendit tout-à-coup un bruit confus de chariots, de chevaux hennissants, d'hommes qui poussoient des hurlements épouvantables, & des trompettes qui remplissoient l'air d'un son belliqueux. On s'écrie: Voilà les ennemis qui ont fait un grand détour pour éviter les passages gardés! les voilà qui viennent assiéger Salente! Les vieillards & les femmes paroissoient consternés. Hélas! disoient-ils, falloit-il quitter notre chere patrie, la fertile Crete, & suivre un Roi malheureux au travers de tant de mers, pour fonder une ville qui sera mise en cendres comme Troie ? De dessus les murailles nouvellement bâties on voyoit dans la vaste campagne briller au soleil les casques, les cuirasses & les boucliers des ennemis ; les yeux en étoient éblouis. On voyoit aussi les piques hérissées qui couvroient la terre comme elle est couverte par une abondante moisson que Cérès prépare dans les campagnes d'Enna en Sicile pendant les chaleurs de l'été, pour récompenser le laboureur de toutes ses peines. Déjà on remarquoit les chariots armés de faux tranchantes ; on distinguoit facilement chaque peuple venu à cette guerre.

Mentor monta sur une haute tour pour les mieux découvrir : Idoménée & Télémaque le suivirent de près. A peine y fut-il arrivé, qu'il apperçut d'un côté Philoctete, & de l'autre Nestor avec Pisistrate son fils. Nestor étoit facile à reconnoître à sa vieillesse vénérable. Quoi donc ! s'écria Mentor, vous avez cru, ô Idoménée, que Philoctete & Nestor se contentoient de ne vous point secourir ; les voilà qui ont pris les armes contre vous ! &, si je ne me trompe, ces autres troupes qui marchent en si bon ordre avec tant de lenteur sont des troupes lacédémoniennes, commandées par Phalante : tout est contre vous ; il n'y a aucun voisin de cette côte dont vous n'ayez fait un ennemi sans vouloir le faire.

En disant ces paroles, Mentor descend à la hâte de cette tour ; il marche vers une porte de la ville du côté par où les ennemis s'avançoient : il la fait ouvrir ; & Idoménée, surpris de la majesté avec laquelle il fait ces choses, n'ose pas même lui demander quel est son dessein. Mentor fait signe de la main, afin que personne ne songe à le suivre. Il va au-devant des ennemis, étonnés de voir un seul homme qui se présente à eux. Il leur montre de loin une branche d'olivier en signe de paix ; & quand il fut à portée de se faire entendre, il leur demanda d'assembler tous les Chefs. Aussitôt les Chefs s'assemblerent, & il leur parla ainsi :

LIVRE X.

O hommes généreux, afsemblés de tant de nations qui fleurifsent dans la riche Hefpérie, je sais que vous n'êtes venus ici que pour l'intérêt commun de la liberté. Je loue votre zele : mais souffrez que je vous repréfente un moyen facile de conferver la liberté & la gloire de tous vos peuples, fans répandre le fang humain. O Neftor, fage Neftor, que j'apperçois dans cette afsemblée, vous n'ignorez pas combien la guerre eft funefte à ceux même qui l'entreprennent avec juftice & sous la protection des Dieux. La guerre eft le plus grand des maux dont les Dieux affligent les hommes. Vous n'oublierez jamais ce que les Grecs ont fouffert pendant dix ans devant la malheureufe Troie. Quelles divifions entre les Chefs ! quels caprices de la fortune ! quel carnage des Grecs par la main d'Hector ! quels malheurs dans toutes les villes les plus puifsantes, causés par la guerre, pendant la longue abfence de leurs Rois ! Au retour, les uns ont fait naufrage au promontoire de Capharée, les autres ont trouvé une mort funeste dans le sein même de leurs épouses. O Dieux! c'est dans votre colere que vous armâtes les Grecs pour cette éclatante expédition. O peuples hespériens! je prie les Dieux de ne vous donner jamais une victoire si funeste. Troie est en cendres, il est vrai : mais il vaudroit mieux pour les Grecs qu'elle fût encore dans toute sa gloire, & que le lâche Pâris jouît de ses infâmes amours avec Hélene. Philoctete, si long-temps malheureux & abandonné dans l'isle de Lemnos, ne craignez-vous point de retrouver de semblables malheurs dans une semblable guerre? Je sais que les peuples de la Laconie ont senti aussi les troubles causés par la longue absence des Princes, des Capitaines & des soldats qui allerent contre les Troyens. O Grecs qui avez passé dans l'Hespérie! vous n'y avez tous passé que par une suite des malheurs que causa la guerre de Troie.

Après avoir ainsi parlé, Mentor s'avança vers les Pyliens ; & Nestor, qui l'avoit reconnu, s'avança aussi pour le saluer. O

Mentor, lui dit-il, c'est avec plaisir que je vous revois. Il y a bien des années que je vous vis pour la premiere fois dans la Phocide; vous n'aviez que quinze ans, & je prévis dès-lors que vous seriez aussi sage que vous l'avez été dans la suite. Mais par quelle aventure avez-vous été conduit en ces lieux? Quels sont donc les moyens que vous avez de finir cette guerre? Idoménée nous a contraints de l'attaquer. Nous ne demandions que la paix; chacun de nous avoit un intérêt pressant de la desirer: mais nous ne pouvions plus trouver aucune sûreté avec lui. Il a violé toutes ses promesses à l'égard de ses plus proches voisins. La paix avec lui ne seroit pas une paix; elle lui serviroit seulement à dissiper notre ligue, qui est notre unique ressource. Il a montré à tous les peuples son dessein ambitieux de les mettre dans l'esclavage, & il ne nous a laissé aucun moyen de défendre notre liberté, qu'en tâchant de renverser son nouveau royaume. Par sa mauvaise foi nous sommes réduits à le faire périr, ou à recevoir de lui le joug de la servitude. Si vous trouvez quelque expédient pour faire en sorte qu'on puisse se confier à lui, & s'asurer d'une bonne paix, tous les peuples que vous voyez ici quitteront volontiers les armes, & nous avouerons avec joie que vous nous surpassez en sagesse.

Mentor lui répondit : Sage Nestor, vous savez qu'Ulysse m'avoit confié son fils Télémaque. Ce jeune homme, impatient de découvrir la destinée de son pere, passa chez vous à Pylos, & vous le reçûtes avec tous les soins qu'il pouvoit attendre d'un fidele ami de son pere; vous lui donnâtes même votre fils pour le conduire. Il entreprit ensuite de longs voyages sur la mer; il a vu la Sicile, l'Egypte, l'isle de Cypre, celle de Crete. Les vents, ou plutôt les Dieux, l'ont jetté sur cette côte comme il vouloit retourner à Ithaque. Nous sommes arrivés ici tout-à-propos pour vous épargner les horreurs d'une cruelle guerre. Ce n'est plus Idoménée ; c'est le fils du sage Ulysse, c'est moi qui vous réponds de toutes les choses qui vous seront promises.

Pendant que Mentor parloit ainsi avec Nestor, au milieu des troupes confédérées, Idoménée & Télémaque, avec tous les Crétois armés, les regardoient du haut des murs de Salente; ils étoient attentifs pour remarquer comment les discours de Mentor seroient reçus, & ils auroient voulu pouvoir entendre les sages entretiens de ces deux vieillards. Nestor avoit toujours passé pour le plus expérimenté & le plus éloquent de tous les Rois de la Grece. C'étoit lui qui modéroit, pendant le siege de Troie, le bouillant courroux d'Achille, l'orgueil d'Agamemnon, la fierté d'Ajax, & le courage impétueux de Diomede. La douce persuasion couloit de ses levres comme un ruisseau de miel : sa voix seule se faisoit entendre à tous ces héros; tous se taisoient dès qu'il ouvroit la bouche; & il n'y avoit que lui qui pût appaiser dans le camp la farouche discorde. Il commençoit à sentir les injures de la froide vieillesse; mais ses paroles étoient encore pleines de force & de douceur: il racontoit les choses passées pour instruire la jeunesse par ses expériences; mais il les racontoit avec grace, quoiqu'avec un peu de lenteur.

Ce vieillard, admiré de toute la Grece, sembla avoir perdu toute son éloquence & toute sa majesté dès que Mentor parut avec lui. Sa vieillesse paroissoit flétrie & abattue auprès de celle de Mentor, en qui les ans sembloient avoir respecté la force & la vigueur du tempérament. Les paroles de Mentor, quoique graves & simples, avoient une vivacité & une autorité qui commençoient à manquer à l'autre. Tout ce qu'il disoit étoit court, précis & nerveux. Jamais il ne faisoit aucune redite; jamais il ne racontoit que le fait nécessaire pour l'affaire qu'il falloit décider. S'il étoit obligé de parler plusieurs fois d'une même chose, pour l'inculquer ou pour parvenir à la persuasion, c'étoit toujours par des tours nouveaux & par des comparaisons sensibles. Il avoit même je ne sais quoi de complaisant

& d'enjoué, quand il vouloit fe proportionner aux befoins des autres, & leur infinuer quelque vérité. Ces deux hommes fi vénérables furent un fpectacle touchant à tant de peuples afsemblés.

Pendant que tous les alliés ennemis de Salente fe jettoient les uns fur les autres pour les voir de plus près, & pour tâcher d'entendre leurs fages difcours, Idoménée & tous les fiens s'efforçoient de découvrir, par leurs regards avides & emprefsés, ce que fignifioient leurs geftes & l'air de leur vifage.

Fin du dixieme Livre.

SOMMAIRE
DU LIVRE ONZIEME.

Télémaque, voyant Mentor au milieu des alliés, veut savoir ce qui se passe entre eux. Il se fait ouvrir les portes de Salente, va joindre Mentor; & sa présence contribue auprès des alliés à leur faire accepter les conditions de paix que celui-ci leur proposoit de la part d'Idoménée. Les Rois entrent comme amis dans Salente. Idoménée accepte tout ce qui a été arrêté. On se donne réciproquement des ôtages, & on fait un sacrifice commun entre la ville & le camp, pour la confirmation de cette alliance.

LIVRE ONZIEME.

Cependant Télémaque, impatient, se dérobe à la multitude qui l'environne, il court à la porte par où Mentor étoit sorti, il se la fait ouvrir avec autorité. Bientôt Idoménée, qui le croit à ses côtés, s'étonne de le voir qui court au milieu de la campagne, & qui est déjà auprès de Nestor. Nestor le reconnoît, & se hâte, mais d'un pas pesant & tardif, de l'aller recevoir. Télémaque saute à son cou, & le tient serré entre ses bras sans parler. Enfin il s'écrie : O mon pere ! je ne crains pas de vous nommer ainsi ; le malheur de ne point retrouver mon véritable pere, & les bontés que vous m'avez fait sentir, me donnent le droit de me servir d'un nom si tendre ; mon pere ! mon cher pere ! je vous revois : ainsi puissé-je revoir Ulysse ! Si quelque chose pouvoit me consoler d'en être privé, ce seroit de trouver en vous un autre lui-même.

Nestor ne put, à ces paroles, retenir ses larmes ; & il fut touché d'une secrete joie, voyant celles qui couloient avec une merveilleuse grace sur les joues de Télémaque. La beauté, la douceur & la noble asurance de ce jeune inconnu, qui traversoit sans précaution tant de troupes ennemies, étonnerent tous les alliés. N'est-ce pas, disoient-ils, le fils de ce vieillard qui est venu parler à Nestor ? Sans doute, c'est la même sagesse dans les deux âges les plus opposés de la vie. Dans l'un elle ne fait encore que fleurir ; dans l'autre elle porte avec abondance les fruits les plus mûrs.

Mentor, qui avoit pris plaisir à voir la tendresse avec laquelle Nestor venoit de recevoir Télémaque, profita de cette heureuse disposition. Voilà, dit-il, le fils d'Ulysse si cher à toute la Grece, & si cher à vous-même, ô sage Nestor ! le voilà, je vous le livre comme un ôtage & comme le gage le plus précieux qu'on puisse vous donner de la fidélité des promesses d'Idoménée. Vous jugez bien que je ne voudrois pas que la perte du fils suivît celle du pere, & que la malheureuse Pénélope pût reprocher à Mentor qu'il a sacrifié son fils à l'ambition du nouveau Roi de Salente. Avec ce gage, qui est venu de lui-même s'offrir, & que les Dieux amateurs de la paix vous envoient, je commence, ô peuples assemblés de tant de nations, à vous faire des propositions pour établir à jamais une paix solide.

A ce nom de paix, on entend un bruit confus de rang en rang. Toutes ces différentes nations frémissoient de courroux, & croyoient perdre tout le temps où l'on retardoit le combat ; elles s'imaginoient qu'on ne faisoit tous ces discours que pour ralentir leur fureur & pour faire échapper leur proie. Sur-tout les Manduriens souffroient impatiemment qu'Idoménée espérât de les tromper encore une fois. Souvent ils entreprirent d'interrompre Mentor ; car ils craignoient que ses discours pleins de sagesse ne détachassent leurs alliés. Ils commençoient à se défier de tous les Grecs qui étoient dans l'assemblée. Mentor, qui l'apperçut, se hâta d'augmenter cette défiance pour jetter la division dans les esprits de tous ces peuples.

J'avoue, disoit-il, que les Manduriens ont sujet de se plaindre & de demander quelque réparation des torts qu'ils ont soufferts : mais il n'est pas juste aussi que les Grecs qui font sur cette côte des colonies soient suspects & odieux aux anciens peuples du pays. Au contraire, les Grecs doivent être unis entre eux, & se faire bien traiter par les autres ; il faut seulement qu'ils soient modérés & qu'ils n'entreprennent jamais d'usurper les terres de leurs voisins. Je sais qu'Idoménée a eu le malheur de vous donner des ombrages ; mais il est aisé de guérir toutes vos défiances. Télémaque & moi nous vous offrons à être des ôtages qui vous répondent de la bonne foi d'Idoménée. Nous demeurerons entre vos mains jusqu'à ce que les choses qu'on vous promettra soient fidèlement accomplies. Ce qui vous irrite, ô Manduriens, s'écria-t-il, c'eſt que les troupes des Crétois ont faiſi les paſsages de vos montagnes par ſurpriſe, & que par-là ils sont en état d'entrer malgré vous, auſſi ſouvent qu'il leur plaira, dans le pays où vous vous êtes retirés pour leur laiſser le pays uni qui eſt ſur les rivages de la mer. Ces paſsages, que les Crétois ont fortifiés par de hautes tours pleines de gens armés, sont donc le véritable ſujet de la guerre. Répondez-moi; y en a-t-il encore quelque autre?

Alors le Chef des Manduriens s'avança, & parla ainſi : Que n'avons-nous pas fait pour éviter cette guerre! Les Dieux nous sont témoins que nous n'avons renoncé à la paix que quand la paix nous a échappé ſans reſource par l'ambition inquiete des Crétois, & par l'impoſſibilité où ils nous ont mis de nous fier à leurs ſerments. Nation inſensée! qui nous a réduits, malgré nous, à l'affreuſe néceſſité de prendre un parti de déſespoir contre elle, & de ne pouvoir plus chercher notre ſalut que dans ſa perte! Tandis qu'ils conſerveront ces paſsages, nous croirons toujours qu'ils veulent usurper nos terres & nous mettre en servitude. S'il étoit vrai qu'ils ne songeassent plus qu'à vivre en paix avec leurs voisins, ils se contenteroient de ce que nous leur avons cédé sans peine, & ils ne s'attacheroient pas à conserver des entrées dans un pays contre la liberté duquel ils ne formeroient aucun dessein ambitieux. Mais vous ne les connoissez pas, ô sage vieillard. C'est par un grand malheur que nous avons appris à les connoître. Cessez, ô homme aimé des Dieux, de retarder une guerre juste & nécessaire sans laquelle l'Hespérie ne pourroit jamais espérer une paix constante. O nation ingrate, trompeuse & cruelle, que les Dieux irrités ont envoyée auprès de nous pour troubler notre paix, & pour nous punir de nos fautes! Mais après nous avoir punis, ô Dieux! vous nous vengerez: vous ne serez pas moins justes contre nos ennemis que contre nous.

A ces paroles toute l'assemblée parut émue; il sembloit que Mars & Bellone alloient de rang en rang rallumant dans les cœurs la fureur des combats, que Mentor tâchoit d'éteindre. Il reprit ainsi la parole:

Si je n'avois que des promesses à vous faire, vous pourriez refuser de vous y fier: mais je vous offre des choses certaines & présentes. Si vous n'êtes pas contents d'avoir pour ôtages Télémaque & moi, je vous ferai donner douze des plus nobles & des plus vaillants Crétois. Mais il est juste aussi que vous donniez de votre côté des ôtages; car Idoménée, qui desire sincèrement la paix, la desire sans crainte & sans bassesse. Il desire la paix, comme vous dites vous-mêmes que vous l'avez desirée, par sagesse & par modération, mais non par l'amour d'une vie molle, ou par foiblesse à la vue des dangers dont la guerre menace les hommes. Il est prêt à périr ou à vaincre; mais il aime mieux la paix que la victoire la plus éclatante. Il auroit honte de craindre d'être vaincu; mais il craint d'être injuste, & il n'a point de honte de vouloir réparer ses fautes. Les armes à la main, il vous offre la paix : il ne veut point en imposer les conditions avec hauteur ; car il ne fait aucun cas d'une paix forcée. Il veut une paix dont tous les partis soient contents, qui finisse toutes les jalousies, qui appaise tous les ressentiments, & qui guérisse toutes les défiances. En un mot, Idoménée est dans les sentiments où je suis sûr que vous voudriez qu'il fût. Il n'est question que de vous en persuader. La persuasion ne sera pas difficile, si vous voulez m'écouter avec un esprit dégagé & tranquille.

Ecoutez donc, ô Peuples remplis de valeur ; & vous, ô Chefs si sages & si unis, écoutez ce que je vous offre de la part d'Idoménée. Il n'est pas juste qu'il puisse entrer dans les terres de ses voisins ; il n'est pas juste aussi que ses voisins puissent entrer dans les siennes. Il consent que les passages que l'on a fortifiés par de hautes tours soient gardés par des troupes neutres. Vous Nestor, & vous Philoctete, vous êtes Grecs d'origine ; mais en cette occasion vous vous êtes déclarés contre Idoménée : ainsi vous ne pouvez être suspects d'être trop favorables à ses intérêts. Ce qui vous touche, c'est l'intérêt commun de la paix & de la liberté de l'Hespérie. Soyez vous-mêmes les dépositaires & les gardiens de ces passages qui causent la guerre. Vous n'avez pas moins d'intérêt à empêcher que les anciens peuples d'Hespérie ne détruisent Salente, nouvelle colonie des Grecs semblable à celles que vous avez fondées, qu'à empêcher qu'Idoménée n'usurpe les terres de ses voisins. Tenez l'équilibre entre les uns & les autres. Au lieu de porter le fer & le feu chez un peuple que vous devez aimer, réservez-vous la gloire d'être les juges & les médiateurs. Vous me direz que ces conditions vous paroîtroient merveilleuses si vous pouviez vous assurer qu'Idoménée les accompliroit de bonne foi; mais je vais vous satisfaire.

Il y aura pour sûreté réciproque les ôtages dont je vous ai parlé, jusqu'à ce que tous les passages soient mis en dépôt dans vos mains. Quand le salut de l'Hespérie entiere, quand celui de Salente même & d'Idoménée sera à votre discrétion, serez-vous contents? De qui pourrez-vous désormais vous défier? Sera-ce de vous-mêmes? Vous n'osez vous fier à Idoménée; & Idoménée est si incapable de vous tromper, qu'il veut se fier à vous. Oui, il veut vous confier le repos, la vie, la liberté, de tout son peuple & de lui-même. S'il est vrai que vous ne desiriez qu'une bonne paix, la voilà qui se présente à vous, & qui vous ôte tout prétexte de reculer. Encore une fois, ne vous imaginez pas que la crainte réduise Idoménée à vous faire ces offres; c'est la sagesse & la justice qui l'engagent à prendre ce parti, sans se mettre en peine si vous imputerez à foiblesse ce qu'il fait par vertu. Dans les commencements il a fait des fautes, & il met sa gloire à les reconnoître par les offres dont il vous prévient. C'est foiblesse, c'est vanité, c'est ignorance grossiere de son propre intérêt, que d'espérer de pouvoir cacher ses fautes en affectant de les soutenir avec fierté &

avec hauteur. Celui qui avoue ſes fautes à ſon ennemi, & qui offre de les réparer, montre par-là qu'il eſt devenu incapable d'en commettre, & que l'ennemi a tout à craindre d'une conduite ſi ſage & ſi ferme, à moins qu'il ne faſſe la paix. Gardez-vous bien de ſouffrir qu'il vous mette à ſon tour dans le tort. Si vous refuſez la paix & la juſtice qui viennent à vous, la paix & la juſtice ſeront vengées. Idoménée, qui devoit craindre de trouver les Dieux irrités contre lui, les tournera pour lui contre vous. Télémaque & moi nous combattrons pour la bonne cauſe. Je prends tous les Dieux du ciel & des enfers à témoin des juſtes propoſitions que je viens de vous faire.

En achevant ces mots, Mentor leva ſon bras pour montrer à tant de peuples le rameau d'olivier qui étoit dans ſa main le ſigne pacifique. Les Chefs, qui le regarderent de près, furent étonnés & éblouis du feu divin qui éclatoit dans ſes yeux. Il parut avec une majeſté & une autorité qui eſt au-deſſus de tout ce qu'on voit dans les plus grands d'entre les mortels. Le charme de ses paroles douces & fortes enlevoit les cœurs : elles étoient semblables à ces paroles enchantées qui tout-à-coup dans le profond silence de la nuit arrêtent au milieu de l'Olympe la lune & les étoiles, calment la mer irritée, font taire les vents & les flots, & suspendent le cours des fleuves rapides.

Mentor étoit, au milieu de ces peuples furieux, comme Bacchus lorsqu'il étoit environné de tigres qui, oubliant leur cruauté, venoient, par la puissance de sa douce voix, lécher ses pieds & se soumettre par leurs caresses. D'abord il se fit un profond silence dans toute l'armée. Les Chefs se regardoient les uns les autres, ne pouvant résister à cet homme, ni comprendre qui il étoit. Toutes les troupes immobiles avoient les yeux attachés sur lui. On n'osoit parler, de peur qu'il n'eût encore quelque chose à dire, & qu'on ne l'empêchât d'être entendu. Quoiqu'on ne trouvât rien à ajouter aux choses qu'il avoit dites, on auroit souhaité qu'il eût parlé plus long-temps. Tout ce qu'il avoit dit demeuroit comme gravé dans tous les cœurs. En parlant, il se faisoit aimer, il se faisoit croire; chacun étoit avide & comme suspendu pour recueillir jusqu'aux moindres paroles qui sortoient de sa bouche.

Enfin, après un assez long silence, on entendit un bruit sourd qui se répandoit peu-à-peu. Ce n'étoit plus ce bruit confus des peuples qui frémissoient dans leur indignation; c'étoit, au contraire, un murmure doux & favorable. On découvroit déjà sur les visages je ne sais quoi de serein & de radouci. Les Manduriens, si irrités, sentoient que leurs armes leur tomboient des mains. Le farouche Phalante, avec ses Lacédémoniens, fut surpris de trouver ses entrailles attendries. Les autres commencerent à soupirer après cette heureuse paix qu'on venoit de leur montrer. Philoctete, plus sensible qu'un autre par l'expérience de ses malheurs, ne put retenir ses larmes. Nestor, ne pouvant parler, dans le transport où le discours de Mentor venoit de le mettre, l'embrasa tendrement; & tous les peuples à-la-fois, comme si c'eût été un signal, s'écrierent aussi-tôt : O sage vieillard, vous nous désarmez! La paix! la paix!

Nestor, un moment après, voulut commencer un discours; mais toutes les troupes, impatientes, craignirent qu'il ne voulût représenter quelque difficulté. La paix! la paix! s'écrierent-elles encore une fois. On ne put leur imposer silence qu'en faisant crier avec eux par tous les Chefs de l'armée : La paix! la paix!

Nestor, voyant bien qu'il n'étoit pas libre de faire un discours suivi, se contenta de dire : Vous voyez, ô Mentor, ce que peut la parole d'un homme de bien. Quand la sagesse & la vertu parlent, elles calment toutes les passions. Nos justes ressentiments se changent en amitié & en desirs d'une paix durable. Nous l'acceptons telle que vous nous l'offrez. En même temps tous les Chefs tendirent les mains en signe de consentement.

Mentor courut vers la porte de Salente pour la faire ouvrir, & pour mander à Idoménée de sortir de la ville sans précaution. Cependant Nestor embrasoit Télémaque, disant : O aimable fils du plus sage de tous les Grecs, puissiez-vous être aussi sage & plus heureux que lui! n'avez-vous rien découvert sur sa destinée? Le souvenir de votre pere, à qui vous resemblez, a servi à étouffer notre indignation.

Phalante, quoique dur & farouche, quoiqu'il n'eût jamais vu Ulysse, ne laissa pas d'être touché de ses malheurs & de ceux de son fils. Déjà on pressoit Télémaque de raconter ses aventures, lorsque Mentor revint avec Idoménée & toute la jeunesse crétoise qui le suivoit.

A la vue d'Idoménée, les alliés sentirent que leur courroux se rallumoit : mais les paroles de Mentor éteignirent ce feu prêt à éclater. Que tardons-nous, dit-il, à conclure cette sainte alliance dont les Dieux seront les témoins & les défenseurs? Qu'ils la vengent, si jamais quelque impie ose la violer,

& que tous les maux horribles de la guerre, loin d'accabler les peuples fideles & innocents, retombent sur la tête parjure & exécrable de l'ambitieux qui foulera aux pieds les droits sacrés de cette alliance; qu'il soit détesté des dieux & des hommes; qu'il ne jouisse jamais du fruit de sa perfidie; que les Furies infernales, sous les figures les plus hideuses, viennent exciter sa rage & son désespoir; qu'il tombe mort sans aucune espérance de sépulture; que son corps soit la proie des chiens & des vautours, & qu'il soit aux enfers, dans le profond abîme du Tartare, tourmenté à jamais plus rigoureusement que Tantale, Ixion & les Danaïdes! Mais plutôt, que cette paix soit inébranlable comme les rochers d'Atlas qui soutient le ciel; que tous les peuples la révèrent & goûtent ses fruits de génération en génération; que les noms de ceux qui l'auront jurée soient avec amour & vénération dans la bouche de nos derniers neveux; que cette paix, fondée sur la justice & sur la bonne foi, soit le modele de toutes les paix qui se feront à l'avenir chez toutes les nations de la terre; & que tous les peuples qui voudront se rendre heureux en se réunissant songent à imiter les peuples de l'Hespérie!

A ces paroles, Idoménée & les autres Rois jurent la paix aux conditions marquées. On donne de part & d'autre douze ôtages. Télémaque veut être du nombre des ôtages donnés par Idoménée; mais on ne peut consentir que Mentor en soit, parceque les alliés veulent qu'il demeure auprès d'Idoménée pour répondre de sa conduite & de celle de ses Conseillers jusqu'à l'entiere exécution des choses promises. On immola, entre la ville & l'armée, cent genisses blanches comme la neige, & autant de taureaux de même couleur, dont les cornes étoient dorées & ornées de festons. On entendoit retentir jusques dans les montagnes voisines le mugissement affreux des victimes qui tomboient sous le couteau sacré. Le sang fumant ruisseloit de toutes parts. On faisoit couler avec abondance un vin exquis pour les libations. Les Haruspices consultoient les entrailles qui palpitoient encore. Les Sacrificateurs brûloient sur les autels un encens qui formoit un épais nuage, & dont la bonne odeur parfumoit toute la campagne.

Cependant les soldats des deux partis, cessant de se regarder d'un œil ennemi, commençoient à s'entretenir sur leurs aventures. Ils se délassoient déjà de leurs travaux, & goûtoient par avance les douceurs de la paix. Plusieurs de ceux qui avoient suivi Idoménée au siege de Troie reconnurent ceux de Nestor qui avoient combattu dans la même guerre. Ils s'embrassoient avec tendresse, & se racontoient mutuellement tout ce qui leur étoit arrivé depuis qu'ils avoient ruiné la superbe ville qui étoit l'ornement de toute l'Asie. Déjà ils se couchoient sur l'herbe, se couronnoient de fleurs, & buvoient ensemble du vin qu'on apportoit de la ville dans de grands vases, pour célébrer une si heureuse journée.

Tout-à-coup Mentor dit aux Rois & aux

Capitaines afsemblés : Déformais, sous divers noms & divers Chefs, vous ne serez plus qu'un feul peuple. C'eft ainfi que les juftes Dieux, amateurs des hommes qu'ils ont formés, veulent être le lien éternel de leur parfaite concorde. Tout le genre humain n'eft qu'une famille difpersée fur la face de toute la terre. Tous les peuples font freres, & doivent s'aimer comme tels. Malheur à ces impies qui cherchent une gloire cruelle dans le fang de leurs freres, qui eft leur propre fang !

La guerre eft quelquefois nécefsaire, il eft vrai : mais c'eft la honte du genre humain qu'elle foit inévitable en certaines occafions. O Rois! ne dites point qu'on doit la defirer pour acquérir de la gloire. La vraie gloire ne fe trouve point hors de l'humanité. Quiconque préfere fa propre gloire aux fentiments de l'humanité eft un monftre d'orgueil, & non pas un homme : il ne parviendra même qu'à une faufse gloire ; car la vraie ne fe trouve que dans la modération & dans la bonté. On pourra le flatter pour contenter sa vanité folle; mais on dira toujours de lui en secret, quand on voudra parler sincèrement : Il a d'autant moins mérité la gloire, qu'il l'a desirée avec une passion injuste : les hommes ne doivent point l'estimer, puisqu'il a si peu estimé les hommes, & qu'il a prodigué leur sang par une brutale vanité. Heureux le Roi qui aime son peuple, qui en est aimé, qui se confie en ses voisins, & qui a leur confiance; qui, loin de leur faire la guerre, les empêche de l'avoir entre eux, & qui fait envier à toutes les nations étrangeres le bonheur qu'ont ses sujets de l'avoir pour Roi!

Songez donc à vous rassembler de temps en temps, ô vous qui gouvernez les puissantes villes de l'Hespérie. Faites de trois ans en trois ans une assemblée générale où tous les Rois qui sont ici présents se trouvent pour renouveller l'alliance par un nouveau serment, pour affermir l'amitié promise, & pour délibérer sur tous les intérêts communs. Tandis que vous serez unis, vous aurez au-dedans de ce beau pays la paix, la gloire & l'abondance; au-dehors vous serez toujours invincibles. Il n'y a que la discorde, sortie de l'enfer pour tourmenter les hommes insensés, qui puisse troubler la félicité que les Dieux vous préparent.

Nestor lui répondit: Vous voyez, par la facilité avec laquelle nous faisons la paix, combien nous sommes éloignés de vouloir faire la guerre par une vaine gloire ou par l'injuste avidité de nous agrandir au préjudice de nos voisins. Mais que peut-on faire quand on se trouve auprès d'un Prince violent qui ne connoît point d'autre loi que son intérêt, & qui ne perd aucune occasion d'envahir les terres des autres Etats? Ne croyez pas que je parle d'Idoménée; non, je n'ai plus de lui cette pensée: c'est Adraste, Roi des Dauniens, de qui nous avons tout à craindre. Il méprise les Dieux, & croit que tous les hommes qui sont sur la terre ne sont nés que pour servir à sa gloire par leur servitude. Il ne veut point de sujets dont il soit le roi & le pere; il veut des esclaves & des adorateurs : il se fait rendre les honneurs divins. Jusqu'ici l'aveugle fortune a favorisé ses plus injustes entreprises. Nous nous étions hâtés de venir attaquer Salente pour nous défaire du plus foible de nos ennemis, qui ne commençoit qu'à s'établir sur cette côte, afin de tourner ensuite nos armes contre cet autre ennemi plus puissant. Il a déjà pris plusieurs villes de nos alliés. Ceux de Crotone ont perdu contre lui deux batailles. Il se sert de toutes sortes de moyens pour contenter son ambition : la force & l'artifice, tout lui est égal, pourvu qu'il accable ses ennemis. Il a amassé de grands trésors ; ses troupes sont disciplinées & aguerries ; ses Capitaines sont expérimentés ; il est bien servi ; il veille lui-même sans cesse sur tous ceux qui agissent par ses ordres. Il punit sévèrement les moindres fautes, & récompense avec libéralité les services qu'on lui rend. Sa valeur soutient & anime celle de toutes ses troupes. Ce seroit un Roi accompli, si la justice & la bonne foi régloient sa conduite :

mais il ne craint ni les Dieux ni le reproche de sa conscience. Il compte même pour rien la réputation; il la regarde comme un vain fantôme qui ne doit arrêter que les esprits foibles. Il ne compte pour un bien solide & réel, que l'avantage de posséder de grandes richesses, d'être craint, & de fouler à ses pieds tout le genre humain. Bientôt son armée paroîtra sur nos terres; & si l'union de tant de peuples ne nous met en état de lui résister, toute espérance de liberté nous sera ôtée. C'est l'intérêt d'Idoménée, aussi-bien que le nôtre, de s'opposer à ce voisin qui ne peut souffrir rien de libre dans son voisinage. Si nous étions vaincus, Salente seroit menacée du même malheur. Hâtons-nous donc tous ensemble de le prévenir.

Pendant que Nestor parloit ainsi, on s'avançoit vers la ville; car Idoménée avoit prié tous les Rois & les principaux Chefs d'y entrer pour y passer la nuit.

Fin du onzieme Livre.

SOMMAIRE

DU LIVRE DOUZIEME.

Nestor, au nom des alliés, demande du secours à Idoménée contre les Dauniens leurs ennemis. Mentor, qui veut policer la ville de Salente, & exercer le peuple à l'agriculture, fait en sorte qu'il se contente d'avoir Télémaque à la tête de cent nobles Crétois. Après le départ de celui-ci, Mentor fait une revue exacte dans la ville & dans le port; s'informe de tout; fait faire à Idoménée de nouveaux réglements pour le commerce & pour la police; lui fait partager en sept classes le peuple, dont il distingue les rangs & la naissance par la diversité des habits; lui fait retrancher le luxe & les arts inutiles, pour appliquer les artisans au labourage, qu'il met en honneur.

LIVRE DOUZIEME.

Toute l'armée des alliés dressoit déjà ses tentes, & la campagne étoit couverte de riches pavillons de toutes sortes de couleurs, où les Hespériens fatigués attendoient le sommeil. Quand les Rois, avec leur suite, furent entrés dans la ville, ils parurent étonnés qu'en si peu de temps on eût pu faire tant de bâtiments magnifiques, & que l'embarras d'une si grande guerre n'eût point empêché cette ville naissante de croître & de s'embellir tout-à-coup.

On admira la sagesse & la vigilance d'Idoménée, qui avoit fondé un si beau royaume; & chacun concluoit que, la paix étant faite avec lui, les alliés seroient bien puissants, s'il entroit dans leur ligue contre les Dauniens. On proposa à Idoménée d'y entrer; il ne put rejetter une si juste proposition, & il promit des troupes.

Mais comme Mentor n'ignoroit rien de

tout ce qui est nécessaire pour rendre un Etat florissant, il comprit que les forces d'Idoménée ne pourroient pas être aussi grandes qu'elles le paroissoient ; il le prit en particulier, & lui parla ainsi :

Vous voyez que nos soins ne vous ont pas été inutiles. Salente est garantie des malheurs qui la menaçoient. Il ne tient plus qu'à vous d'en élever jusqu'au ciel la gloire, & d'égaler la sagesse de Minos votre aïeul dans le gouvernement de vos peuples. Je continue à vous parler librement, supposant que vous le voulez, & que vous détestez toute flatterie. Pendant que ces Rois ont loué votre magnificence, je pensois en moi-même à la témérité de votre conduite.

A ce mot de témérité, Idoménée changea de visage, ses yeux se troublerent, il rougit ; & peu s'en fallut qu'il n'interrompît Mentor pour lui témoigner son ressentiment. Mentor lui dit d'un ton modeste & respectueux, mais libre & hardi :

Ce mot de témérité vous choque, je le vois bien : tout autre que moi auroit eu tort de s'en servir; car il faut respecter les Rois, & ménager leur délicatesse, même en les reprenant. La vérité par elle-même les blesse asez sans y ajouter des termes forts ; mais j'ai cru que vous pourriez souffrir que je vous parlasse sans adoucissement, pour vous découvrir votre faute. Mon dessein a été de vous accoutumer à entendre nommer les choses par leur nom, & à comprendre que, quand les autres vous donneront des conseils sur votre conduite, ils n'oseront jamais vous dire tout ce qu'ils penseront. Il faudra, si vous voulez n'y être point trompé, que vous compreniez toujours plus qu'ils ne vous diront sur les choses qui vous seront désavantageuses. Pour moi je veux bien adoucir mes paroles selon votre besoin : mais il vous est utile qu'un homme sans intérêt & sans conséquence vous parle en secret un langage dur. Nul autre n'osera jamais vous le parler : vous ne verrez la vérité qu'à demi & sous de belles enveloppes.

A ces mots Idoménée, déjà revenu de sa

premiere promptitude, parut honteux de sa délicatesse. Vous voyez, dit-il à Mentor, ce que fait l'habitude d'être flatté. Je vous dois le salut de mon nouveau royaume ; il n'y a aucune vérité que je ne me croie heureux d'entendre de votre bouche : mais ayez pitié d'un Roi que la flatterie avoit empoisonné, & qui n'a pu, même dans ses malheurs, trouver des hommes asfez généreux pour lui dire la vérité. Non, je n'ai jamais trouvé personne qui m'ait asfez aimé pour vouloir me déplaire en me disant la vérité toute entiere.

En disant ces paroles, les larmes lui vinrent aux yeux, & il embrasa tendrement Mentor. Alors ce sage vieillard lui dit : C'est avec douleur que je me vois contraint de vous dire des choses dures : mais puis-je vous trahir en vous cachant la vérité ? Mettez-vous en ma place. Si vous avez été trompé jusqu'ici, c'est que vous avez bien voulu l'être ; c'est que vous avez craint des conseillers trop sinceres. Avez-vous cherché les gens les plus désintéresfés & les plus propres à vous contredire ? avez-vous pris soin de faire parler les hommes les moins empressés à vous plaire, les plus désintéressés dans leur conduite, & les plus capables de condamner vos passions & vos sentiments injustes ? Quand vous avez trouvé des flatteurs, les avez-vous écartés ? vous en êtes-vous défié ? Non, non, vous n'avez point fait ce que font ceux qui aiment la vérité, & qui méritent de la connoître. Voyons si vous aurez maintenant le courage de vous laisser humilier par la vérité qui vous condamne.

Je disois donc que ce qui vous attire tant de louanges ne mérite que d'être blâmé. Pendant que vous aviez au-dehors tant d'ennemis qui menaçoient votre royaume encore mal établi, vous ne songiez au-dedans de votre nouvelle ville qu'à y faire des ouvrages magnifiques. C'est ce qui vous a coûté tant de mauvaises nuits, comme vous me l'avez avoué vous-même. Vous avez épuisé vos richesses ; vous n'avez songé ni à augmenter votre peuple ni à cultiver les terres fertiles de cette côte. Ne falloit-il pas regarder ces deux choses comme les deux fondements essentiels de votre puissance : avoir beaucoup de bons hommes, & des terres bien cultivées pour les nourrir ? Il falloit une longue paix dans ces commencements, pour favoriser la multiplication de votre peuple. Vous ne deviez songer qu'à l'agriculture & à l'établissement des plus sages loix. Une vaine ambition vous a poussé jusqu'au bord du précipice. A force de vouloir paroître grand, vous avez pensé ruiner votre véritable grandeur. Hâtez-vous de réparer ces fautes ; suspendez tous vos grands ouvrages ; renoncez à ce faste qui ruineroit votre nouvelle ville ; laissez en paix respirer vos peuples ; appliquez-vous à les mettre dans l'abondance pour faciliter les mariages. Sachez que vous n'êtes Roi qu'autant que vous avez des peuples à gouverner ; & que votre puissance doit se mesurer, non par l'étendue des terres que vous occuperez, mais par le nombre des hommes qui habiteront ces terres, & qui seront attachés à vous obéir. Possédez une bonne terre, quoique médiocre en étendue ; couvrez-la de peuples innombrables, laborieux & disciplinés ; faites que ces peuples vous aiment : vous êtes plus puissant, plus heureux, & plus rempli de gloire, que tous les conquérants qui ravagent tant de royaumes.

Que ferai-je donc à l'égard de ces Rois ? répondit Idoménée : leur avouerai-je ma foiblesse ? Il est vrai que j'ai négligé l'agriculture, & même le commerce, qui m'est si facile sur cette côte : je n'ai songé qu'à faire une ville magnifique. Faudra-t-il donc, mon cher Mentor, me déshonorer dans l'assemblée de tant de Rois, & découvrir mon imprudence ? S'il le faut, je le veux, je le ferai sans hésiter, quoi qu'il m'en coûte ; car vous m'avez appris qu'un vrai Roi, qui est fait pour ses peuples, & qui se doit tout entier à eux, doit préférer le salut de son royaume à sa propre réputation.

Ce sentiment est digne du pere des peuples, reprit Mentor ; c'est à cette bonté, & non à la vaine magnificence de votre ville, que je reconnois en vous le cœur d'un vrai

Roi. Mais il faut ménager votre honneur pour l'intérêt même de votre royaume. Laissez-moi faire, je vais faire entendre à ces Rois que vous êtes engagé à rétablir Ulysse, s'il est encore vivant, ou du moins son fils, dans la puissance royale, à Ithaque, & que vous voulez en chasser par force tous les amants de Pénélope. Ils n'auront pas de peine à comprendre que cette guerre demande des troupes nombreuses. Ainsi ils consentiront que vous ne leur donniez d'abord qu'un foible secours contre les Dauniens.

 A ces mots Idoménée parut comme un homme qu'on soulage d'un fardeau accablant. Vous sauvez, cher ami, dit-il à Mentor, mon honneur, & la réputation de cette ville naissante dont vous cacherez l'épuisement à tous mes voisins. Mais quelle apparence de dire que je veux envoyer des troupes à Ithaque pour y rétablir Ulysse, ou du moins Télémaque son fils, pendant que Télémaque lui-même est engagé d'aller à la guerre contre les Dauniens?

Ne soyez point en peine, répliqua Mentor; je ne dirai rien que de vrai. Les vaisseaux que vous enverrez pour l'établissement de votre commerce iront sur la côte de l'Epire: ils feront à la fois deux choses; l'une, de rappeller sur votre côte les marchands étrangers, que les trop grands impôts éloignent de Salente; l'autre, de chercher des nouvelles d'Ulysse. S'il est encore vivant, il faut qu'il ne soit pas loin de ces mers qui divisent la Grece d'avec l'Italie, & on assure qu'on l'a vu chez les Phéaciens. Quand même il n'y auroit plus aucune espérance de le revoir, vos vaisseaux rendront un signalé service à son fils: ils répandront dans Ithaque & dans tous les pays voisins la terreur du nom du jeune Télémaque, qu'on croyoit mort comme son pere. Les amants de Pénélope seront étonnés d'apprendre qu'il est prêt à revenir avec le secours d'un puissant allié. Les Ithaciens n'oseront secouer le joug. Pénélope sera consolée, & refusera toujours de choisir un nouvel époux. Ainsi vous servirez

Télémaque pendant qu'il sera en votre place avec les alliés de cette côte d'Italie contre les Dauniens.

A ces mots Idoménée s'écria : Heureux le Roi qui est soutenu par de sages conseils ! Un ami sage & fidele vaut mieux à un Roi que des armées victorieuses. Mais doublement heureux le Roi qui sent son bonheur & qui en sait profiter par le bon usage des sages conseils ! car souvent il arrive qu'on éloigne de sa confiance les hommes sages & vertueux dont on craint la vertu, pour prêter l'oreille à des flatteurs dont on ne craint point la trahison. Je suis moi-même tombé dans cette faute, & je vous raconterai tous les malheurs qui me sont venus par un faux ami, qui flattoit mes passions dans l'espérance que je flatterois à mon tour les siennes.

Mentor fit aisément entendre aux Rois alliés qu'Idoménée devoit se charger des affaires de Télémaque pendant que celui-ci iroit avec eux. Ils se contenterent d'avoir dans leur armée le jeune fils d'Ulysse avec cent jeunes Crétois qu'Idoménée lui donna pour l'accompagner : c'étoit la fleur de la jeune Noblesse que ce Roi avoit emmenée de Crete. Mentor lui avoit conseillé de les envoyer dans cette guerre : Il faut, disoit-il, avoir soin pendant la paix de multiplier le peuple; mais, de peur que toute la nation ne s'amollisse & ne tombe dans l'ignorance de la guerre, il faut envoyer dans les guerres étrangeres la jeune Noblesse. Ceux-là suffisent pour entretenir toute la nation dans une émulation de gloire, dans l'amour des armes, dans le mépris des fatigues & de la mort même, enfin dans l'expérience de l'art militaire.

Les Rois alliés partirent de Salente contents d'Idoménée, & charmés de la sagesse de Mentor : ils étoient pleins de joie de ce qu'ils emmenoient avec eux Télémaque. Celui-ci ne put modérer sa douleur quand il fallut se séparer de son ami. Pendant que les Rois alliés faisoient leurs adieux & juroient à Idoménée qu'ils garderoient avec lui une éternelle alliance,

Mentor tenoit Télémaque serré entre ses bras; il se sentoit arrosé de ses larmes. Je suis insensible, disoit Télémaque, à la joie d'aller acquérir de la gloire; je ne suis touché que de la douleur de notre séparation. Il me semble que je vois encore ce temps infortuné où les Egyptiens m'arracherent d'entre vos bras, & m'éloignerent de vous sans me laisser aucune espérance de vous revoir.

Mentor répondit à ces paroles avec douceur pour le consoler : Voici, lui disoit-il, une séparation bien différente; elle est volontaire, elle sera courte, vous allez chercher la victoire. Il faut, mon fils, que vous m'aimiez d'un amour moins tendre & plus courageux : accoutumez-vous à mon absence; vous ne m'aurez pas toujours : il faut que ce soit la sagesse & la vertu, plutôt que la présence de Mentor, qui vous inspirent ce que vous devez faire.

En disant ces mots, la Déesse, cachée sous la figure de Mentor, couvroit Télémaque de son égide; elle répandoit au-dedans de lui l'efprit de fagefse & de prévoyance, la valeur intrépide & la douce modération, qui fe trouvent fi rarement enfemble.

Allez, difoit Mentor, au milieu des plus grands périls toutes les fois qu'il sera utile que vous y alliez. Un Prince fe déshonore encore plus en évitant les dangers dans les combats, qu'en n'allant jamais à la guerre. Il ne faut point que le courage de celui qui commande aux autres puifse être douteux. S'il eft nécefsaire à un peuple de conferver fon Chef ou fon Roi, il lui eft encore plus nécefsaire de ne le voir point dans une réputation douteufe fur la valeur. Souvenez-vous que celui qui commande doit être le modele de tous les autres ; fon exemple doit animer toute l'armée. Ne craignez donc aucun danger, ô Télémaque, & périfsez dans les combats plutôt que de faire douter de votre courage. Les flatteurs qui auront plus d'emprefsement pour vous empêcher de vous expofer au péril dans les occafions nécefsaires, seront les premiers à dire en secret que vous manquez de cœur, s'ils vous trouvent facile à arrêter dans ces occasions.

Mais aussi n'allez pas chercher les périls sans utilité. La valeur ne peut être une vertu qu'autant qu'elle est réglée par la prudence. Autrement c'est un mépris insensé de la vie, & une ardeur brutale; la valeur emportée n'a rien de sûr. Celui qui ne se possede point dans les dangers est plutôt fougueux que brave; il a besoin d'être hors de lui pour se mettre au-dessus de la crainte, parcequ'il ne peut la surmonter par la situation naturelle de son cœur. En cet état, s'il ne fuit point, du moins il se trouble; il perd la liberté de son esprit, qui lui seroit nécessaire pour donner de bons ordres, pour profiter des occasions, pour renverser les ennemis, & pour servir sa patrie. S'il a toute l'ardeur d'un soldat, il n'a point le discernement d'un Capitaine. Encore même n'a-t-il pas le vrai courage d'un simple soldat, car le soldat doit conserver dans le combat la présence d'esprit & la modération nécesfaires pour obéir. Celui qui s'expofe témérairement trouble l'ordre de la difcipline des troupes, donne un exemple de témérité, & expofe fouvent l'armée entiere à de grands malheurs. Ceux qui préferent leur vaine ambition à la sûreté de la caufe commune méritent des châtiments & non des récompenfes.

Gardez-vous donc bien, mon cher fils, de chercher la gloire avec impatience. Le vrai moyen de la trouver eft d'attendre tranquillement l'occafion favorable. La vertu fe fait d'autant plus révérer qu'elle fe montre plus fimple, plus modefte, plus ennemie de tout fafte. C'eft à mefure que la néceffité de s'expofer au péril augmente, qu'il faut auffi de nouvelles refsources de prévoyance & de courage qui aillent toujours croifsant. Au refte fouvenez-vous qu'il ne faut s'attirer l'envie de perfonne. De votre côté ne foyez point jaloux du fuccès des autres. Louez-les pour tout ce qui mérite quelque louange : mais louez avec difcernement, difant le bien avec plaifir ;

cachez le mal, & n'y penfez qu'avec douleur.

Ne décidez point devant ces anciens Capitaines qui ont toute l'expérience que vous ne pouvez avoir : écoutez-les avec déférence ; confultez-les : priez les plus habiles de vous inftruire, & n'ayez point de honte d'attribuer à leurs inftructions tout ce que vous ferez de meilleur. Enfin n'écoutez jamais les difcours par lefquels on voudra exciter votre défiance ou votre jaloufie contre les autres Chefs. Parlez-leur avec confiance & ingénuité. Si vous croyez qu'ils aient manqué à votre égard, ouvrez-leur votre cœur, expliquez-leur toutes vos raifons. S'ils font capables de fentir la noblefse de cette conduite, vous les charmerez, & vous tirerez d'eux tout ce que vous aurez fujet d'en attendre. Si au contraire ils ne font pas afsez raifonnables pour entrer dans vos fentiments, vous serez inftruit par vous-même de ce qu'il y aura en eux d'injufte à souffrir ; vous prendrez vos mefures pour ne vous plus commettre jufqu'à ce que la guerre finisse, & vous n'aurez rien à vous reprocher. Mais sur-tout ne dites jamais à certains flatteurs qui sement la division les sujets de peine que vous croirez avoir contre les Chefs de l'armée où vous serez.

Je demeurerai ici, continua Mentor, pour secourir Idoménée dans le besoin où il est de travailler au bonheur de ses peuples, & pour achever de lui faire réparer les fautes que les mauvais conseils & les flatteurs lui ont fait commettre dans l'établissement de son nouveau royaume.

Alors Télémaque ne put s'empêcher de témoigner à Mentor quelque surprise, & même quelque mépris, pour la conduite d'Idoménée. Mais Mentor l'en reprit d'un ton sévere : Etes-vous étonné, lui dit-il, de ce que les hommes les plus estimables sont encore hommes, & montrent encore quelques restes des foiblesses de l'humanité parmi les pieges innombrables & les embarras inséparables de la royauté ? Idoménée, il est vrai, a été nourri dans des idées de faste & de hauteur : mais quel philosophe pourroit se défendre de la flatterie, s'il avoit été en sa place? Il est vrai qu'il s'est laissé trop prévenir par ceux qui ont eu sa confiance : mais les plus sages Rois sont souvent trompés, quelques précautions qu'ils prennent pour ne l'être pas. Un Roi ne peut se passer de Ministres qui le soulagent & en qui il se confie, puisqu'il ne peut tout faire. D'ailleurs un Roi connoît beaucoup moins que les particuliers les hommes qui l'environnent : on est toujours masqué auprès de lui ; on épuise toutes sortes d'artifices pour le tromper. Hélas ! cher Télémaque, vous ne l'éprouverez que trop ! On ne trouve point dans les hommes ni les vertus ni les talents qu'on y cherche. On a beau les étudier & les approfondir, on s'y mécompte tous les jours. On ne vient même jamais à bout de faire, des meilleurs hommes, ce qu'on auroit besoin d'en faire pour le public. Ils ont leurs entêtements, leurs incompatibilités, leurs jalousies. On ne les persuade ni on ne les corrige guere.

Plus on a de peuples à gouverner, plus il

faut de Ministres pour faire par eux ce qu'on ne peut faire soi-même; & plus on a besoin d'hommes à qui on confie l'autorité, plus on est exposé à se tromper dans de tels choix. Tel critique aujourd'hui impitoyablement les Rois, qui gouverneroit demain moins bien qu'eux, & qui feroit les mêmes fautes, avec d'autres infiniment plus grandes, si on lui confioit la même puissance. La condition privée, quand on y joint un peu d'esprit pour bien parler, couvre tous les défauts naturels, releve des talents éblouissants, & fait paroître un homme digne de toutes les places dont il est éloigné. Mais c'est l'autorité qui met tous les talents à une rude épreuve, & qui découvre de grands défauts.

La grandeur est comme certains verres qui grossissent tous les objets. Tous les défauts paroissent croître dans ces hautes places, où les moindres choses ont de grandes conséquences, & où les plus légeres fautes ont de violents contre-coups. Le monde entier est occupé à observer un seul homme à toute heure, & à le juger en toute rigueur. Ceux qui le jugent n'ont aucune expérience de l'état où il est. Ils n'en sentent point les difficultés, & ils ne veulent plus qu'il soit homme, tant ils exigent de perfections de lui. Un Roi, quelque bon & sage qu'il soit, est encore homme. Son esprit a des bornes, & sa vertu en a aussi. Il a de l'humeur, des passions, des habitudes, dont il n'est pas tout-à-fait le maître. Il est obsédé par des gens intéressés & artificieux; il ne trouve point les secours qu'il cherche. Il tombe chaque jour dans quelque mécompte, tantôt par ses passions, & tantôt par celles de ses Ministres. A peine a-t-il réparé une faute, qu'il retombe dans une autre. Telle est la condition des Rois les plus éclairés & les plus vertueux.

Les plus longs & les meilleurs regnes sont trop courts & trop imparfaits pour réparer à la fin ce qu'on a gâté sans le vouloir dans les commencements. La royauté porte avec elle toutes ces miseres : l'impuissance humaine succombe sous un fardeau si accablant. Il faut plaindre les Rois, & les excuser. Ne sont-ils pas à plaindre d'avoir à gouverner tant d'hommes dont les besoins sont infinis, & qui donnent tant de peines à ceux qui veulent les bien gouverner ? Pour parler franchement, les hommes sont fort à plaindre d'avoir à être gouvernés par un Roi qui n'est qu'homme & semblable à eux; car il faudroit des Dieux pour redresser les hommes. Mais les Rois ne sont pas moins à plaindre, n'étant qu'hommes, c'est-à-dire foibles & imparfaits, d'avoir à gouverner cette multitude innombrable d'hommes corrompus & trompeurs.

Télémaque répondit avec vivacité : Idoménée a perdu par sa faute le royaume de ses ancêtres en Crete; &, sans vos conseils, il en auroit perdu un second à Salente. J'avoue, reprit Mentor, qu'il a fait de grandes fautes; mais cherchez dans la Grece, & dans tous les autres pays les mieux policés, un Roi qui n'en ait point fait d'inexcusables. Les plus grands hommes ont, dans leur tempérament & dans le caractere de leur esprit, des défauts qui les entraînent : les plus louables sont ceux qui ont le courage de connoître & de réparer leurs égaremens. Pensez vous qu'Ulysse, le grand Ulysse votre pere, qui est le modele des Rois de la Grece, n'ait pas aussi ses foiblesses & ses défauts ? Si Minerve ne l'eût conduit pas à pas, combien de fois auroit-il succombé dans les périls & dans les embarras où la fortune s'est jouée de lui! Combien de fois Minerve l'a-t-elle retenu ou redressé pour le conduire toujours à la gloire par le chemin de la vertu! N'attendez pas même, quand vous le verrez régner avec tant de gloire à Ithaque, de le trouver sans imperfection ; vous lui en verrez sans doute. La Grece, l'Asie, & toutes les isles des mers, l'ont admiré malgré ses défauts : mille qualités merveilleuses les font oublier. Vous serez trop heureux de pouvoir l'admirer aussi, & de l'étudier sans cesse comme votre modele.

Accoutumez-vous, ô Télémaque, à n'attendre des plus grands hommes que ce que l'humanité est capable de faire. La jeunesse sans expérience se livre à une critique présomptueuse qui la dégoûte de tous les modeles qu'elle a besoin de suivre, & qui la jette dans une indocilité incurable. Non seulement vous devez aimer, respecter, imiter votre pere, quoiqu'il ne soit point parfait ; mais encore vous devez avoir une haute estime pour Idoménée, malgré tout ce que j'ai repris en lui. Il est naturellement sincere, droit, équitable, libéral, bienfaisant ; sa valeur est parfaite ; il déteste la fraude quand il la connoît & qu'il suit librement la véritable pente de son cœur. Tous ses talents extérieurs sont grands & proportionnés à sa place. Sa simplicité à avouer son tort, sa douceur, sa patience pour se laisser dire par moi les choses les plus dures, son courage contre lui-même pour réparer publiquement ses fautes & pour se mettre par-là au-dessus de toute la critique des hommes, montrent une ame véritablement grande. Le bonheur, ou le conseil d'autrui, peut préserver de certaines fautes un homme très médiocre; mais il n'y a qu'une vertu extraordinaire qui puisse engager un Roi si long-temps séduit par la flatterie à réparer son tort. Il est bien plus glorieux de se relever ainsi, que de n'être jamais tombé.

Idoménée a fait les fautes que presque tous les Rois font; mais presque aucun Roi ne fait pour se corriger ce qu'il vient de faire. Pour moi, je ne pouvois me lasser de l'admirer dans les moments mêmes où il me permettoit de le contredire. Admirez-le aussi, mon cher Télémaque: c'est moins pour sa réputation que pour votre utilité que je vous donne ce conseil.

Mentor fit sentir à Télémaque, par ce discours, combien il est dangereux d'être injuste en se laissant aller à une critique rigoureuse contre les autres hommes, & sur-tout contre ceux qui sont chargés des embarras & des difficultés du gouvernement. Ensuite il lui dit: Il est temps que vous partiez; adieu. Je vous attendrai, ô mon cher Télémaque! Souvenez-vous que ceux qui craignent les Dieux n'ont rien à craindre des hommes. Vous vous trouverez dans les plus extrêmes périls : mais sachez que Minerve ne vous abandonnera point.

A ces mots Télémaque crut sentir la présence de la Déesse, & il eût même reconnu que c'étoit elle qui parloit pour le remplir de confiance, si la Déesse n'eût rappellé l'idée de Mentor, en lui disant : N'oubliez pas, mon fils, tous les soins que j'ai pris pendant votre enfance pour vous rendre sage & courageux comme votre pere. Ne faites rien qui ne soit digne de ses grands exemples & des maximes de vertu que j'ai tâché de vous inspirer.

Le soleil s'élevoit déjà, & doroit le sommet des montagnes, quand les Rois sortirent de Salente pour rejoindre leurs troupes. Ces troupes, campées autour de la ville, se mirent en marche sous leurs Commandants. On voyoit de tous côtés briller le fer des piques hérissées ; l'éclat des boucliers éblouissoit les yeux ; un nuage de poussiere s'élevoit jusqu'aux nues. Idoménée, avec

Mentor, conduisoit dans la campagne les Rois alliés, & s'éloignoit des murs de la ville. Enfin ils se séparerent, après s'être donné de part & d'autre les marques d'une vraie amitié; & les alliés ne douterent plus que la paix ne fût durable, lorsqu'ils connurent la bonté du cœur d'Idoménée, qu'on leur avoit représenté bien différent de ce qu'il étoit : c'est qu'on jugeoit de lui, non par ses sentiments naturels, mais par les conseils flatteurs & injustes auxquels il s'étoit livré.

Après que l'armée fut partie, Idoménée mena Mentor dans tous les quartiers de la ville. Voyons, disoit Mentor, combien vous avez d'hommes & dans la ville & dans la campagne; faisons-en le dénombrement. Examinons combien vous avez de laboureurs parmi ces hommes. Voyons combien vos terres portent dans les années médiocres de blé, de vin, d'huile, & des autres choses utiles. Nous saurons par cette voie si la terre fournit de quoi nourrir tous ses habitants, & si elle produit encore de quoi faire un commerce utile de fon fuperflu avec les pays étrangers. Examinons auſſi combien vous avez de vaiſseaux & de matelots : c'eſt par-là qu'il faut juger de votre puiſsance. Il alla viſiter le port, & entra dans chaque vaiſseau. Il s'informa des pays où chaque vaiſseau alloit pour le commerce, quelles marchandiſes il portoit, celles qu'il prenoit au retour, quelle étoit la dépenſe du vaiſseau pendant la navigation, les prêts que les marchands ſe faiſoient les uns aux autres, les ſociétés qu'ils faiſoient entre eux, pour ſavoir ſi elles étoient équitables & fidèlement obſervées; enfin les haſards du naufrage & les autres malheurs du commerce, pour prévenir la ruine des marchands, qui, par l'avidité du gain, entreprennent ſouvent des choſes qui ſont au-delà de leurs forces.

Il voulut qu'on punît ſévèrement toutes les banqueroutes, parceque celles qui ſont exemptes de mauvaiſe foi ne le ſont preſque jamais de témérité. En même temps il fit des regles pour faire en ſorte qu'il fût aisé de ne jamais faire banqueroute. Il établit des Magiſtrats à qui les marchands rendoient compte de leurs effets, de leurs profits, de leurs dépenſes & de leurs entrepriſes. Il ne leur étoit jamais permis de riſquer le bien d'autrui, & ils ne pouvoient même riſquer que la moitié du leur. De plus, ils faiſoient en ſociété les entrepriſes qu'ils ne pouvoient faire ſeuls; & la police de ces ſociétés étoit inviolable par la rigueur des peines impoſées à ceux qui ne les ſuivroient pas. D'ailleurs la liberté du commerce étoit entiere : bien loin de le gêner par des impôts, on promettoit une récompenſe à tous les marchands qui pourroient attirer à Salente le commerce de quelque nouvelle nation.

Ainſi les peuples y accoururent bientôt en foule de toutes parts. Le commerce de cette ville étoit ſemblable au flux & reflux de la mer. Les tréſors y entroient comme les flots viennent l'un ſur l'autre. Tout y étoit apporté & en ſortoit librement. Tout ce qui entroit étoit utile; tout ce qui ſortoit laifsoit en fortant d'autres richefses à fa place. La juftice sévere préfidoit dans le port au milieu de tant de nations. La franchife, la bonne foi, la candeur, fembloient du haut de ces fuperbes tours appeller les marchands des terres les plus éloignées: chacun de ces marchands, foit qu'il vînt des rives orientales où le foleil fort chaque jour du fein des ondes, foit qu'il fût parti de cette grande mer où le foleil, lafsé de fon cours, va éteindre fes feux, vivoit paifible & en fûreté dans Salente comme dans fa patrie.

Pour le dedans de la ville, Mentor vifita tous les magafins, toutes les boutiques d'artifans & toutes les places publiques. Il défendit toutes les marchandifes de pays étrangers qui pouvoient introduire le luxe & la mollefse. Il régla les habits, la nourriture, les meubles, la grandeur & l'ornement des maifons pour toutes les conditions différentes. Il bannit tous les ornements d'or & d'argent; & il dit à Idoménée: Je ne connois qu'un feul moyen pour rendre votre peuple modeste dans sa dépense, c'est que vous lui en donniez vous-même l'exemple. Il est nécessaire que vous ayez une certaine majesté dans votre extérieur ; mais votre autorité sera assez marquée par vos gardes & par les principaux officiers qui vous environnent. Contentez-vous d'un habit de laine très fine, teinte en pourpre ; que les principaux de l'Etat après vous soient vêtus de la même laine, & que toute la différence ne consiste que dans la couleur & dans une légere broderie d'or que vous aurez sur le bord de votre habit. Les différentes couleurs serviront à distinguer les différentes conditions, sans avoir besoin, ni d'or, ni d'argent, ni de pierreries. Réglez les conditions par la naissance.

Mettez au premier rang ceux qui ont une noblesse plus ancienne & plus éclatante. Ceux qui auront le mérite & l'autorité des emplois seront assez contents de venir après ces anciennes & illustres familles, qui sont dans une si longue possession des premiers honneurs. Les hommes qui n'ont pas la même noblesse leur céderont sans peine, pourvu que vous ne les accoutumiez point à se méconnoître dans une trop prompte & trop haute fortune, & que vous donniez des loüanges à la modération de ceux qui seront modestes dans la prospérité. La distinction la moins exposée à l'envie est celle qui vient d'une longue suite d'ancêtres.

Pour la vertu, elle sera afsez excitée, & l'on aura afsez d'empresfement à servir l'Etat, pourvu que vous donniez des couronnes & des statues aux belles actions, & que ce soit un commencement de noblesse pour les enfants de ceux qui les auront faites.

Les personnes du premier rang après vous seront vêtues de blanc avec une frange d'or au bas de leur habit. Ils auront au doigt un anneau d'or, & au cou une médaille d'or avec votre portrait. Ceux du second rang seront vêtus de bleu ; ils porteront une frange d'argent avec l'anneau, & point de médaille : les troisiemes, de verd,

Tome II.   S

sans anneau, & sans frange, mais avec la médaille d'argent : les quatriemes, d'un jaune d'aurore : les cinquiemes, d'un rouge pâle ou de roses : les sixiemes, de gris de lin : les septiemes, qui seront les derniers du peuple, d'une couleur mêlée de jaune & de blanc.

Voilà les habits de sept conditions différentes pour les hommes libres. Tous les esclaves seront habillés de gris brun. Ainsi, sans aucune dépense, chacun sera distingué suivant sa condition, & on bannira de Salente tous les arts qui ne servent qu'à entretenir le faste. Tous les artisans qui seroient employés à ces arts pernicieux serviront, ou aux arts nécessaires qui sont en petit nombre, ou au commerce, ou à l'agriculture. On ne souffrira jamais aucun changement, ni pour la nature des étoffes, ni pour la forme des habits; car il est indigne que les hommes destinés à une vie sérieuse & noble s'amusent à inventer des parures affectées, ni qu'ils permettent que leurs femmes, à qui ces amusements seroient moins honteux, tombent jamais dans cet excès.

Mentor, semblable à un habile jardinier qui retranche dans les arbres fruitiers le bois inutile, tâchoit ainsi de retrancher le faste inutile qui corrompoit les mœurs : il ramenoit toutes choses à une noble & frugale simplicité. Il régla de même la nourriture des citoyens & des esclaves. Quelle honte, disoit-il, que les hommes les plus élevés fassent consister leur grandeur dans les ragoûts, par lesquels ils amollissent leur ame & ruinent insensiblement la santé de leur corps ! Ils doivent faire consister leur bonheur dans leur modération, dans leur autorité pour faire du bien aux autres hommes, & dans la réputation que leurs bonnes actions doivent leur procurer. La sobriété rend la nourriture la plus simple très agréable. C'est elle qui donne, avec la santé la plus vigoureuse, les plaisirs les plus purs & les plus constants. Il faut donc borner vos repas aux viandes les meilleures, mais apprêtées sans aucun ragoût. C'est un art pour empoisonner les hommes, que celui d'irriter leur appétit au-delà de leur vrai besoin.

Idoménée comprit bien qu'il avoit eu tort de laisser les habitants de sa nouvelle ville amollir & corrompre leurs mœurs en violant toutes les loix de Minos sur la sobriété : mais le sage Mentor lui fit remarquer que les loix mêmes, quoique renouvellées, seroient inutiles, si l'exemple du Roi ne leur donnoit une autorité qui ne pouvoit venir d'ailleurs. Aussi-tôt Idoménée régla sa table, où il n'admit que du pain excellent, du vin du pays, qui est fort & agréable, mais en fort petite quantité, avec des viandes simples, telles qu'il en mangeoit avec les autres Grecs au siege de Troie. Personne n'osa se plaindre d'une regle que le Roi s'imposoit lui-même ; & chacun se corrigea ainsi de la profusion & de la délicatesse où l'on commençoit à se plonger pour les repas.

Mentor retrancha ensuite la musique molle & efféminée, qui corrompoit toute la jeunesse. Il ne condamna pas avec une moindre sévérité la musique bachique, qui n'enivre guere moins que le vin, & qui produit des mœurs pleines d'emportements & d'impudence. Il borna toute la musique aux fêtes dans les temples, pour y chanter les louanges des Dieux, & des héros qui ont donné l'exemple des plus rares vertus. Il ne permit aussi que pour les temples les grands ornements d'architecture, tels que les colonnes, les frontons, les portiques; il donna des modeles d'une architecture simple & gracieuse, pour faire, dans un médiocre espace, une maison gaie & commode pour une famille nombreuse; en sorte qu'elle fût tournée à un aspect sain, que les logements en fussent dégagés les uns des autres, que l'ordre & la propreté s'y conservassent facilement, & que l'entretien fût de peu de dépense.

Il voulut que chaque maison un peu considérable eût un salon & un petit péristyle, avec de petites chambres pour toutes les personnes libres. Mais il défendit très sévèrement la multitude superflue & la magnificence des logements. Ces divers modeles de maisons, suivant la grandeur des familles, servirent à embellir à peu de frais une partie de la ville, & à la rendre réguliere; au lieu que l'autre partie, déjà achevée suivant le caprice & le faste des particuliers, avoit, malgré sa magnificence, une disposition moins agréable & moins commode. Cette nouvelle ville fut bâtie en très peu de temps, parceque la côte voisine de la Grece fournit de bons architectes, & qu'on fit venir un très grand nombre de maçons de l'Epire & de plusieurs autres pays, à condition qu'après avoir achevé leurs travaux ils s'établiroient autour de Salente, y prendroient des terres à défricher, & serviroient à peupler la campagne.

La peinture & la sculpture parurent à Mentor des arts qu'il n'est pas permis d'abandonner; mais il voulut qu'on souffrît dans Salente peu d'hommes attachés à ces arts. Il établit une école où présidoient des maîtres d'un goût exquis, qui examinoient les jeunes éleves. Il ne faut, disoit-il, rien de bas & de foible dans ces arts qui ne sont pas absolument nécessaires. Par conséquent on n'y doit admettre que des jeunes gens d'un génie qui promette beaucoup, & qui tendent à la perfection. Les autres sont nés pour les arts moins nobles, & ils seront employés plus utilement aux besoins ordinaires de la république. Il ne faut, disoit-il, employer les sculpteurs & les peintres que pour conserver la mémoire des grands hommes & des grandes actions. C'est dans les bâtiments publics ou dans les tombeaux, qu'on doit conserver des représentations de tout ce qui a été fait avec une vertu extraordinaire pour le service de la patrie.

Au reste, la modération & la frugalité de Mentor n'empêcherent point qu'il n'autorisât tous les grands bâtiments destinés aux courses de chevaux & de chariots, aux combats de lutteurs, à ceux du ceste, & à tous les autres exercices qui cultivent les corps pour les rendre plus adroits & plus vigoureux.

Il retrancha un nombre prodigieux de

marchands qui vendoient des étoffes façonnées des pays éloignés, des broderies d'un prix excessif, des vases d'or & d'argent avec des figures de dieux, d'hommes & d'animaux, enfin des liqueurs & des parfums. Il voulut même que les meubles de chaque maison fussent simples, & faits de maniere à durer long-temps. En sorte que les Salentins, qui se plaignoient hautement de leur pauvreté, commencerent à sentir combien ils avoient de richesses superflues : mais c'étoient des richesses trompeuses qui les appauvrissoient ; & ils devenoient effectivement riches, à mesure qu'ils avoient le courage de s'en dépouiller. C'est s'enrichir, disoient-ils eux-mêmes, que de mépriser de telles richesses qui épuisent l'Etat, & que de diminuer ses besoins en les réduisant aux vraies nécessités de la nature.

Mentor se hâta de visiter les arsenaux & tous les magasins, pour savoir si les armes, & toutes les autres choses nécessaires à la guerre étoient en bon état : car il faut disoit-il, être toujours prêt à faire la guerre, pour n'être jamais réduit au malheur de la faire. Il trouva que plufieurs chofes manquoient par-tout. Auffi-tôt on affembla des ouvriers pour travailler fur le fer, fur l'acier & fur l'airain. On voyoit s'élever, des fournaifes ardentes, des tourbillons de fumée & de flammes femblables à ces feux fouterrains que vomit le mont Etna. Le marteau réfonnoit fur l'enclume qui gémiffoit fous les coups redoublés. Les montagnes voifines & les rivages de la mer en retentiffoient : on eût cru être dans cette isle où Vulcain, animant les Cyclopes, forge des foudres pour le pere des Dieux ; &, par une fage prévoyance, on voyoit dans une profonde paix tous les préparatifs de la guerre.

Enfuite Mentor fortit de la ville avec Idoménée, & trouva une grande étendue de terres fertiles qui demeuroient incultes : d'autres n'étoient cultivées qu'à demi, par la négligence & par la pauvreté des laboureurs, qui, manquant d'hommes, manquoient auffi de courage & de force de corps pour mettre l'agriculture dans sa perfection. Mentor, voyant cette campagne désolée, dit au Roi : La terre ne demande ici qu'à enrichir les habitants; mais les habitants manquent à la terre. Prenons donc tous ces artisans superflus qui sont dans la ville, & dont les métiers ne serviroient qu'à dérégler les mœurs, pour leur faire cultiver ces plaines & ces collines. Il est vrai que c'est un malheur que tous ces hommes exercés à des arts qui demandent une vie sédentaire ne soient point exercés au travail; mais voici un moyen d'y remédier. Il faut partager entre eux les terres vacantes, & appeller à leur secours des peuples voisins qui feront sous eux le plus rude travail. Ces peuples le feront, pourvu qu'on leur promette des récompenses convenables sur les fruits des terres mêmes qu'ils défricheront: ils pourront dans la suite en posséder une partie, & être ainsi incorporés à votre peuple, qui n'est pas assez nombreux. Pourvu qu'ils soient laborieux & dociles aux loix, vous n'aurez point de meilleurs sujets, &

ils accroîtront votre puiſance. Vos artiſans de la ville, tranſplantés dans la campagne, éleveront leurs enfants au travail, & au goût de la vie champêtre. De plus, tous les maçons des pays étrangers, qui travaillent à bâtir votre ville, ſe ſont engagés à défricher une partie de vos terres, & à ſe faire laboureurs : incorporez-les à votre peuple, dès qu'ils auront achevé leurs ouvrages de la ville. Ces ouvriers seront ravis de s'engager à paſser leur vie ſous une domination qui eſt maintenant ſi douce. Comme ils ſont robuſtes & laborieux, leur exemple ſervira pour exciter au travail les artiſans tranſplantés de la ville à la campagne avec leſquels ils ſeront mêlés. Dans la suite, tout le pays sera peuplé de familles vigoureuſes & adonnées à l'agriculture.

Au reſte ne ſoyez point en peine de la multiplication de ce peuple ; il deviendra bientôt innombrable, pourvu que vous faciliticz les mariages. La maniere de les faciliter eſt bien ſimple : preſque tous les hommes ont l'inclination de ſe marier ; il n'y a que la misere qui les en empêche. Si vous ne les chargez point d'impôts, ils vivront fans peine avec leurs femmes & leurs enfants ; car la terre n'eſt jamais ingrate, elle nourrit toujours de ſes fruits ceux qui la cultivent ſoigneuſement ; elle ne refuſe ſes biens qu'à ceux qui craignent de lui donner leurs peines. Plus les laboureurs ont d'enfants, plus ils ſont riches, ſi le Prince ne les appauvrit pas ; car leurs enfants, dès leur plus tendre jeuneſse, commencent à les ſecourir. Les plus jeunes conduiſent les moutons dans les pâturages ; les autres qui ſont plus grands menent déja les grands troupeaux : les plus âgés labourent avec leur pere. Cependant la mere & toute la famille prépare un repas ſimple à ſon époux & à ſes chers enfants, qui doivent revenir fatigués du travail de la journée : elle a ſoin de traire ſes vaches & ſes brebis, & on voit couler des ruiſseaux de lait ; elle fait un grand feu, autour duquel toute la famille innocente & paiſible prend plaiſir à chanter tout le ſoir en attendant le doux ſommeil :

elle prépare des fromages, des châtaignes, & des fruits conservés dans la même fraîcheur que si on venoit de les cueillir.

Le berger revient avec sa flûte, & chante à la famille assemblée les nouvelles chansons qu'il a apprises dans les hameaux voisins. Le laboureur rentre avec sa charrue ; & ses bœufs fatigués marchent, le cou penché, d'un pas lent & tardif, malgré l'aiguillon qui les presse. Tous les maux du travail finissent avec la journée. Les pavots que le sommeil, par l'ordre des Dieux, répand sur la terre appaisent tous les noirs soucis par leurs charmes, & tiennent toute la nature dans un doux enchantement; chacun s'endort sans prévoir les peines du lendemain.

Heureux ces hommes sans ambition, sans défiance, sans artifice, pourvu que les Dieux leur donnent un bon Roi qui ne trouble point leur joie innocente ! Mais quelle horrible inhumanité, que de leur arracher, pour des desseins pleins de faste & d'ambition, les doux fruits de la terre, qu'ils ne

Tome II.   T

tiennent que de la libérale nature & de la sueur de leur front ! La nature seule tireroit de son sein fécond tout ce qu'il faudroit pour un nombre infini d'hommes modérés & laborieux ; mais c'est l'orgueil & la mollesse de certains hommes, qui en mettent tant d'autres dans une affreuse pauvreté.

Que ferai-je, disoit Idoménée, si ces peuples que je répandrai dans ces fertiles campagnes négligent de la cultiver ?

Faites, lui répondit Mentor, tout le contraire de ce qu'on fait communément. Les Princes avides & sans prévoyance ne songent qu'à charger d'impôts ceux d'entre leurs sujets qui sont les plus vigilants & les plus industrieux pour faire valoir leurs biens ; c'est qu'ils esperent en être payés plus facilement : en même temps ils chargent moins ceux que la paresse rend plus misérables. Renversez ce mauvais ordre qui accable les bons, qui récompense le vice, & qui introduit une négligence aussi funeste au Roi même qu'à tout l'Etat. Mettez des taxes, des amendes, & même, s'il le faut, d'autres peines rigoureuses, sur ceux qui négligeront leurs champs, comme vous puniriez des soldats qui abandonneroient leur poste dans la guerre : au contraire, donnez des graces & des exemptions aux familles qui, se multipliant, augmentent à proportion la culture de leur terre. Bientôt les familles se multiplieront, & tout le monde s'animera au travail ; il deviendra même honorable. La profession de laboureur ne sera plus méprisée, n'étant plus accablée de tant de maux. On reverra la charrue en honneur maniée par des mains victorieuses qui auront défendu la patrie. Il ne sera pas moins beau de cultiver l'héritage de ses ancêtres pendant une heureuse paix, que de l'avoir défendu généreusement pendant les troubles de la guerre. Toute la campagne refleurira : Cérès se couronnera d'épis dorés : Bacchus, foulant à ses pieds les raisins, fera couler, du penchant des montagnes, des ruisseaux de vin plus doux que le nectar : les creux vallons retentiront des concerts des bergers, qui, le long des clairs ruisseaux, joindront leurs voix avec leurs flûtes, pendant que leurs troupeaux bondissants paîtront sur l'herbe & parmi les fleurs, sans craindre les loups.

Ne serez-vous pas trop heureux, ô Idoménée ! d'être la source de tant de biens, & de faire vivre, à l'ombre de votre nom, tant de peuples dans un si aimable repos ? Cette gloire n'est-elle pas plus touchante que celle de ravager la terre, de répandre par-tout, & presque autant chez soi au milieu même des victoires, que chez les étrangers vaincus, le carnage, le trouble, l'horreur, la langueur, la consternation, la cruelle faim & le désespoir ?

O heureux le Roi assez aimé des Dieux, & d'un cœur assez grand, pour entreprendre d'être ainsi les délices des peuples, & de montrer à tous les siecles, dans son regne, un si charmant spectacle ! La terre entiere, loin de se défendre de sa puissance par des combats, viendroit à ses pieds le prier de régner sur elle.

Idoménée lui répondit : Mais quand les

peuples seront ainsi dans la paix & dans l'abondance, les délices les corrompront, & ils tourneront contre moi les forces que je leur aurai données.

Ne craignez point, dit Mentor, cet inconvénient : c'est un prétexte qu'on allegue toujours pour flatter les Princes prodigues qui veulent accabler leurs peuples d'impôts. Le remede est facile. Les loix que nous venons d'établir pour l'agriculture rendront leur vie laborieuse ; &, dans leur abondance, ils n'auront que le nécessaire, parceque nous retranchons tous les arts qui fournissent le superflu. Cette abondance même sera diminuée par la facilité des mariages, & par la grande multiplication des familles. Chaque famille étant nombreuse & ayant peu de terre, aura besoin de la cultiver par un travail sans relâche. C'est la mollesse & l'oisiveté qui rendent les peuples insolents & rebelles. Ils auront du pain à la vérité, & assez largement ; mais ils n'auront que du pain & des fruits de leur propre terre, gagnés à la sueur de leur visage.

Pour tenir votre peuple dans cette modération, il faut régler dès-à-préfent l'étendue de terre que chaque famille pourra posséder. Vous savez que nous avons divisé tout votre peuple en sept classes suivant les différentes conditions : il ne faut permettre à chaque famille, dans chaque classe, de pouvoir posséder que l'étendue de terre absolument nécessaire pour nourrir le nombre de personnes dont elle sera composée. Cette regle étant inviolable, les nobles ne pourront faire d'acquisitions sur les pauvres : tous auront des terres ; mais chacun en aura fort peu, & sera excité par là à la bien cultiver. Si dans une longue suite de temps les terres manquoient ici, on feroit des colonies qui augmenteroient la puissance de cet Etat.

Je crois même que vous devez prendre garde à ne jamais laisser le vin devenir trop commun dans votre royaume. Si on a planté trop de vignes, il faut qu'on les arrache : le vin est la source des plus grands maux parmi les peuples ; il cause les maladies, les querelles, les séditions, l'oisiveté, le dégoût du travail, le désordre des familles. Que le vin soit donc réservé comme une espece de remede, ou comme une liqueur très rare, qui n'est employée que pour les sacrifices, ou pour les fêtes extraordinaires. Mais n'espérez point de faire observer une regle si importante, si vous n'en donnez vous-même l'exemple.

D'ailleurs il faut faire garder inviolablement les loix de Minos pour l'éducation des enfants. Il faut établir des écoles publiques où l'on enseigne la crainte des Dieux, l'amour de la patrie, le respect des loix, la préférence de l'honneur aux plaisirs & à la vie même.

Il faut avoir des Magistrats qui veillent sur les familles & sur les mœurs des particuliers. Veillez vous-même, vous qui n'êtes Roi, c'est-à-dire, Pasteur du peuple, que pour veiller nuit & jour sur votre troupeau; par-là vous préviendrez un nombre infini de désordres & de crimes : ceux que vous ne pourrez prévenir, punissez-les d'abord sévèrement. C'est une clémence que de faire d'abord des exemples qui arrêtent le cours de l'iniquité. Par un peu de sang répandu à propos, on en épargne beaucoup, & on se met en état d'être craint sans user souvent de rigueur.

Mais quelle détestable maxime que de ne croire trouver sa sûreté que dans l'oppression de ses peuples ! Ne les point faire instruire, ne les point conduire à la vertu, ne s'en faire jamais aimer, les pousser par la terreur jusqu'au désespoir, les mettre dans l'affreuse nécessité, ou de ne pouvoir jamais respirer librement, ou de secouer le joug de votre tyrannique domination ; est-ce là le vrai moyen de régner sans trouble ? est-ce là le vrai chemin qui mene à la gloire ?

Souvenez-vous que les pays où la domination du souverain est plus absolue sont ceux où les souverains sont moins puissants. Ils prennent, ils ruinent tout, ils possedent seuls tout l'Etat ; mais aussi tout l'Etat languit, les campagnes sont en friche & presque désertes ; les villes diminuent chaque jour; le commerce tarit. Le Roi, qui ne peut être Roi tout seul, & qui n'est grand que par ses peuples, s'anéantit lui-même peu à peu par l'anéantissement insensible des peuples dont il tire ses richesses & sa puissance. Son Etat s'épuise d'argent & d'hommes : cette derniere perte est la plus grande & la plus irréparable. Son pouvoir absolu fait autant d'esclaves qu'il a de sujets. On le flatte, on fait semblant de l'adorer, on tremble au moindre de ses regards : mais attendez la moindre révolution, cette puissance monstrueuse, poussée jusqu'à un excès trop violent, ne sauroit durer ; elle n'a aucune resource dans le cœur des peuples ; elle a lasé & irrité tous les corps de l'Etat ; elle contraint tous les membres de ces corps de soupirer après un changement. Au premier coup qu'on lui porte, l'idole se renverse, se brise & est foulée aux pieds. Le mépris, la haine, la crainte, le ressentiment, la défiance, en un mot toutes les passions, se réunissent contre une autorité si odieuse. Le Roi, qui dans sa vaine prospérité ne trouvoit pas un feul homme afsez hardi pour lui dire la vérité, ne trouvera dans fon malheur aucun homme qui daigne, ni l'excufer, ni le défendre contre fes ennemis.

Après ce difcours, Idoménée, perfuadé par Mentor, fe hâta de diftribuer les terres vacantes, de les remplir de tous les artifans inutiles, & d'exécuter tout ce qui avoit été réfolu. Il réferva feulement pour les maçons les terres qu'il leur avoit deftinées, & qu'ils ne pouvoient cultiver qu'après la fin de leurs travaux dans la ville.

Fin du Tome fecond.

www.ingramcontent.com/pod-product-compliance
Lightning Source LLC
Chambersburg PA
CBHW060133170426
43198CB00010B/1148